科学出版社"十四五"普通高等教育本科规划教材

创新创业教育

（翻转课堂）

主编 曾 英 曾 智 花海燕

科 学 出 版 社

北 京

内 容 简 介

《创新创业教育（翻转课堂）》融合多种创新思维与创业工具，用渐进式流程贯穿全篇，从创新认知到创业实践，为学习者依次揭开创新、创业的神秘面纱，最终培养创新思维和实践方法，有助于在创新基础上进行创业。本书采用"闯关式"翻转教学，用五个彼此独立又衔接紧密的教学篇，重构符合新时代创业者实际需要的学习体系。以"自主定项成长"模式，学习者自主选拔组长，自主开发项目，最大限度地激发学习动力。立足中国国情，讲述中国故事，充分结合我国经典案例，展示改革开放以来，尤其是中国特色社会主义进入新时代以来，国家建设取得的非凡成就，着力培养创业者正确认识世界与中国发展大势。

本书适合大学生创业者、双创教育工作者学习、参阅。

图书在版编目(CIP)数据

创新创业教育：翻转课堂 / 曾英，曾智，花海燕主编. —北京：科学出版社，2023.9

科学出版社"十四五"普通高等教育本科规划教材

ISBN 978-7-03-076366-2

Ⅰ. ①创⋯　Ⅱ. ①曾⋯　②曾⋯　③花⋯　Ⅲ. ①创造教育-计算机辅助教学-高等学校-教材　Ⅳ. ①G40-012

中国国家版本馆 CIP 数据核字(2023)第 175991 号

责任编辑：乔宇尚　贾雪玲 / 责任校对：张亚丹
责任印制：吴兆东 / 封面设计：无极书装

科学出版社 出版

北京东黄城根北街 16 号
邮政编码：100717
http://www.sciencep.com

固安县铭成印刷有限公司印刷

科学出版社发行　各地新华书店经销

*

2023 年 9 月第 一 版　　开本：720 × 1000　1/16
2025 年 1 月第三次印刷　　印张：16 1/4
字数：328 000

定价：59.00 元

（如有印装质量问题，我社负责调换）

编　委　会

序

　　创新创业教育突出强调理论与实践的联系和互动,具有十分重要的实践性特征。有无创业实践活动是创新创业教育与其他教育类型之间质的区别。当前迫切需要解决的问题是如何在课堂上进行"实践导向"教学。

　　由于创新创业教育的对象是全体学生,在教育过程中,如何保证不因教育对象的全覆盖而影响教育效果,是一个不可忽视的重要问题。创新创业教育普遍存在教师少、学生多、班级规模大的现实困难,这使得授课教师普遍采用讲授式的集体教学,而对于那种主张让学生在实际体验中学习的方法,广大教师虽然高度认同,但常常因为无法克服实际困难而将计划搁浅。当前最为重要的问题是如何摆正讲授式教学和"实践导向"教学的关系,如果是以讲授为主,以实践为辅,就会出现当前的只有讲授而没有实践的状况;如果反之,以实践为主,辅以讲授,则需要对现有教学方式方法进行革命性的变革。

　　以翻转课堂开展创新创业教育是大胆而有益的尝试,编写翻转课堂版教材更是基础而前沿的探索。编写团队对于创新创业人才培养方式进行了长达十年的艰辛探索,并给出了具体的答案。他们打破传统教学方式,采用线上线下相结合的翻转课堂,让学生在具体的项目中接受前沿思维训练,具备以自有资源构建创新创业方案的基本能力,以适应社会对于新型创新创业人才的要求。

　　该教材充分体现了课程设计团队的独特用心。课程结构严谨,每个篇章之间紧密联系,相辅相成,既能充分容纳创新创业较为全面的理论知识,又能注重实践练习;课程内容丰富实用,融合多种创新思维与创业工具,用一条渐进式流程贯穿全篇,从创新认知到创业实践,为学习者依次揭开创新、创业的神秘面纱,最终培养学生具备创新思维和实践方法,全面理解如何在创新的基础上进行创业;课程资源丰富多样,案例由浅入深,教学设计突出以学生为中心,采用丰富活泼的插图,让枯燥的创业模型"动起来"。融入优秀作业展示,学习者能够跨越时空"对话"。设置延伸阅读和实时话题,鼓励创新思维在这里发生"量子纠缠",通过开展有趣的活动调动学生的积极性,更加注重学生学习时的"用户体验"。在课时设置、学习效果、考核环节等方面都设计考究,有利于激发学生的学习自主性。

　　该教材整体呈现三个突出特点。一是"思政教育"与"双创教育"效能叠加。立足中国国情，讲述中国故事，充分运用我们国家的经典案例，充分展示改革开放以来，尤其是中国特色社会主义进入新时代以来，国家建设取得的非凡成就，着力培养创业者正确认识世界与中国发展大势。二是"模块学习"与"链式流程"有序衔接。采用"闯关式"翻转教学，用五个彼此独立又衔接紧密的教学模块，重构符合新时代大学生实际需要的学习体系。三是将"问题导向"与"成果导向"融通结合，基于客观的学习规律，教学设计得灵活多样，学生自主选拔学习组长，开发项目，让学生获得更多自我成长的空间，兼顾个性发展与团队协同的环节，最大程度激发了学生自主学习的动力。

　　从该教材中，我真切地感受到教育工作者对于"双创精神"的坚守和追求，也充分体会到课程团队的教育匠心。我相信，以翻转课堂来开展创新创业教育，会给大学课堂带来生机和活力，大学生会喜爱这门课程，真切期望这令人耳目一新的教材和课程能尽快走入更多的高校。

　　是为序。

王占仁

2023 年 3 月 13 日

前　言

　　人才决定未来，教育成就梦想。2015 年 5 月，习近平为国际教育信息化大会发来贺信，"强调因应信息技术的发展，推动教育变革和创新，构建网络化、数字化、个性化、终身化的教育体系，建设'人人皆学、处处能学、时时可学'的学习型社会，培养大批创新人才，是人类共同面临的重大课题"①。当前全面振兴本科教育的良好态势已形成，其中课程是人才培养的核心，翻转课堂教学模式近年来已成为高等教育改革的热点，是"两性一度"金课标准的实践探索。在迈向 2035 年基本实现社会主义现代化的新征程上，成都理工大学创新创业通识教育教学团队历时十年，对已有的创新创业通识教育成果进行全面梳理，贯彻"以学生为中心、课堂实效为根本"的教学理念，立足中国实际，实现"思政教育"和"双创教育"效能叠加，依托日新月异的慕课（massive open online course，MOOC）平台、翻转课堂、智慧教室等新技术、新形式，建设线上线下混合式"创新创业教育"课程，为培养大学生成为"大众创业、万众创新"的中流砥柱而不断前进。

　　20 世纪 30 年代，美国就开始兴起"车库创业潮"，它造就了美国以创新为驱动的创业型经济的发展。我们可以看到，无论是对国家、对社会，还是对企业，创新创业都具有十分重要的作用——如果创新产能不足，很容易使我国在未来持续性的竞争中处于下风。习近平总书记给第三届中国"互联网+"大学生创新创业大赛"青年红色筑梦之旅"的大学生的回信指出："祖国的青年一代有理想、有追求、有担当，实现中华民族伟大复兴就有源源不断的青春力量。希望你们扎根中国大地了解国情民情，在创新创业中增长智慧才干，在艰苦奋斗中锤炼意志品质，在亿万人民为实现中国梦而进行的伟大奋斗中实现人生价值。用青春书写无愧于时代，无愧于历史的华彩篇章。"②创新的根基在于人，尤其是大学生。高校的创新创业教育，要帮助大学生树立创新创业的意识，建立相关的思维

---

　　① 新华社. 习近平致信祝贺国际教育信息化大会开幕 让亿万孩子同在蓝天下共享优质教育. (2015-05-24)[2022-11-15]. http://www.moe.gov.cn/jyb_xwfb/s6052/moe_838/201505/t20150524_188496.html.

　　② 新华社. 习近平总书记给第三届中国"互联网＋"大学生创新创业大赛"青年红色筑梦之旅"的大学生的回信. (2017-08-15)[2022-11-15]. http://news.cnr.cn/native/gd/20170815/t20170815_523902411.shtml.

模式，掌握一定的实践方法，具备持续创新的基本能力，认识并开始创新型创业。

　　创新型创业是以创新为基础，在社会实践中主动把握创业机会，积极推动行业变革，实现更多人就业的一种创业类型。本教材以帮助学生开始创新型创业为目标，优化教学设计，线上知识点讲解与线下课程互动形成呼应，构建完整的知识结构和逻辑闭环；丰富教学活动，通过经典理论、前沿案例、分组对抗、课后练习，努力营造课堂教学的热烈氛围；改革教学方法，"定项式"①培养让"问题导向"和"成果导向"融通结合，不断提升学习过程的探究性和个性化；创新考核方式，线上和线下结合，过程与结果并重，自评和他评一体，个人和集体互补，激发学生的内生驱动力和成就感，培养学生解决复杂问题的综合能力和自主创新创造的高阶思维，让学生成为适应新时代中国经济社会发展的有生命力、有活力的创新创业新锐大军。

　　作为全国领先的翻转课堂教科书，《创新创业教育（翻转课堂）》基于我国建设创新型国家和人才强国的战略要求，按照构建创新型创业项目的一般规律，分为认知创新、创新思维与创新方案构建、创业过程与要素、商业模式开发、企业风险防控五个篇章（图 0-1），培养大学生的创新创业意识、思维、技能等综合素质与能力。每个篇章紧密联系，构成一个从创意产生到创新方案构建、从产品雏形到市场论证、从团队构建到创业项目落地、从开办企业到创业融资的全过程。

　　作为高校创新创业（翻转课堂）精品课程，线上"创新基础与创业实践方法"慕课教学资源帮助学生提高对创新创业的认识，并了解创新创业的工具。在线下教学中，设立的独立的课堂作业和章节测试，需要学习小组沿着以创新为基础的创业项目定制建设路径，依次翻转"通关"，最终完成项目。每个篇章的定位明确，教学目标精准，导向具象化，这使得学习小组任务清晰，既能引导学生按照规范要求完成课程作业与测试，又能激发学生在小组中充分讨论，发挥个体潜能，提升学习实效。课程结构合理，有明确的课程目标，以创新型创业项目建设为结果导向，以认知创新、制作方案、构建团队、模式开发、风险防控为翻转课堂的"关卡"，难度逐步增加，有效促进学生动脑、动手能力的提升。教学设计始终以学生为中心，培养学生的创新和合作意识、创造和风险防控思维、猜想和验证能力、融通和实践素养。截至 2022 年底，本课程在校内已开展一年多的混合式教学，受到了教师和学生的一致好评。

　　编者力图打造一本融合经典理论和前沿思想的通识课教材，在编写的过程中，力求结合丰富的案例，把创新创业相关知识点、商业模型讲清楚。无论是已经在创业、试图优化现有产品方案的创新团队，还是没有任何基础、没有创新实践和创业经历的学生，都可以从中受益。不仅如此，本教材介绍了许多实用的方

---

① "定项式"指基于团队的项目制的学习模式，由美国著名心理学家朱利安·泰普林教授提出，成都市成华区在创业培训中实践了这一模式。相关报道见：央广网.人民日报：成都成华区创业培训"私人订制".(2014-07-25)[2022-11-20]. http://sc.cnr.cn/sc/2014cd/201407/t20140725_516038267.shtml.

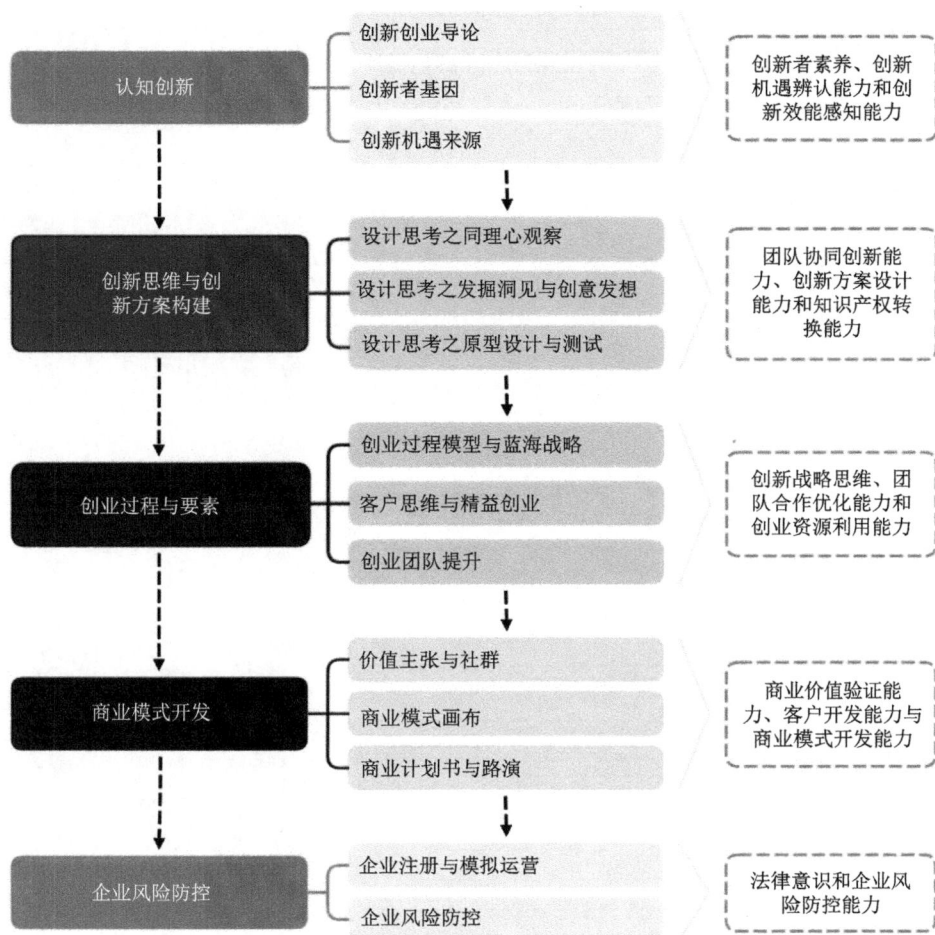

图 0-1　教材结构图

法和工具，可以作为一个创新创业的工具箱、实验室，帮助创业者查找和解决在创新创业过程中遇到的问题和困难。作为翻转课堂的教材，本教材与在线课程充分融合，想要获得更好的学习效果，学习者一定要基于课程认真查阅相关资料、研读相关案例，并积极投身实践。

最后，感谢蔡松松、向彦瑾、孙婉婷、隆超、夏杰玲、郑诺琳、陈昱杉、亓艺霖、李程诗梦、钟顺祥、范虹伶、罗棋文、程萌雅、周航、唐婉儿等同学，集思广益，为本教材的编写提供了独特的思路与宝贵的建议。同时，也衷心感谢所有为本教材出版提供支持和帮助的朋友。

成都理工大学创新创业通识教育课程组

2022 年 10 月

目　　录

第一篇　认　知　创　新

第二篇　创新思维与创新方案构建

第一篇 认知创新

在创新创业教育课程的学习中,我们将开启一段奇妙的探险之旅,翻转进入一个又一个关卡,所有探险者闯过五篇后才能到达最终目的地。接下来,我们将进入第一篇寻找一把失踪的钥匙,打开存放创新基因宝库的大门,一起出发吧!

第一篇内容主要围绕"认知创新",通过了解创新者素质、发掘创新机遇来源、掌握发现创新的方法等,逐步培养创业者形成创新想法。创新无处不在,我们只需拥有一双善于发现的眼睛。

第一章　创新创业导论

第一节　学习导航

一、思维导图

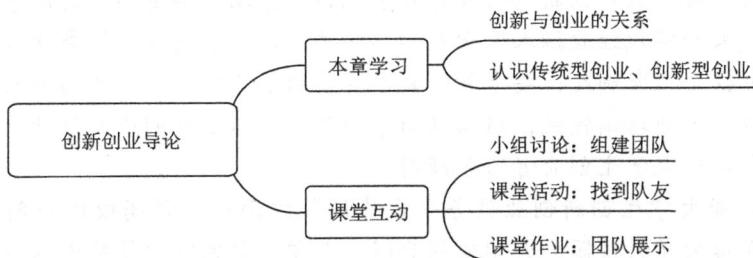

```
                          创新与创业的关系
               本章学习
                          认识传统型创业、创新型创业
  创新创业导论
                          小组讨论：组建团队
               课堂互动   课堂活动：找到队友
                          课堂作业：团队展示
```

二、学习与提升

1. 认知层：了解创新、创业的基本概念以及两者之间的关系，明确开展创新型创业的学习目标，树立创新创业意识。

2. 能力层：提升个体的协同能力，能在有限的时间内按照方法快速组建一个结构合理的工作团队。

3. 实践层：能根据工作目标合理分工，让每个团队成员都能有效发挥自身能力，高效地合作完成团队任务。

三、案例导入

国家不断支持新时代大学生创新创业

党中央、国务院高度重视大学生创新创业工作。习近平总书记指出[①]："创新是社会进步的灵魂，创业是推动经济社会发展、改善民生的重要途径，青年学

[①] 教育部. 深入实施创新驱动发展战略，全力支持大学生创新创业工作——教育部有关负责人就《国务院办公厅关于进一步支持大学生创新创业的指导意见》答记者问. (2021-10-15)[2022-11-14]. http://www.moe.gov.cn/jyb_xwfb/s271/202110/t20211015_572466.html.

生富有想象力和创造力，是创新创业的有生力量，希望广大青年学生在创新创业中展示才华、服务社会。"在这样的背景下，《国务院办公厅关于进一步支持大学生创新创业的指导意见》（以下称《意见》）于 2021 年 10 月 12 日发布，这是近年来国家支持大学生创新创业的又一重要文件。

在《意见》中，围绕提升大学生创新创业能力，优化大学生创新创业环境，加强大学生创新创业服务平台建设，推动落实大学生创新创业财税扶持政策，加强对大学生创新创业的金融政策支持，促进大学生创新创业成果转化，办好中国国际"互联网+"大学生创新创业大赛，加强大学生创新创业信息服务等八个方面提出了进一步的建设内容和要求。[①]

例如，在"提升大学生创新创业能力"方面：要求将创新创业教育贯穿人才培养全过程，深化高校创新创业教育改革，建立以创新创业为导向的新型人才培养模式；要求提升教师创新创业教育教学能力，推动教师把国际前沿学术发展、最新研究成果和实践经验融入课堂教学，实施高校双创校外导师专项人才计划，探索实施驻校企业家制度；要求加强大学生创新创业培训，打造高校创新创业培训活动品牌，创新培训模式，组织双创导师深入校园举办创业大讲堂，支持各类创新创业大赛对大学生创业者给予倾斜。

在"加强大学生创新创业服务平台建设"方面：建强高校创新创业实践平台，充分发挥大学科技园、大学生创业园、大学生创客空间等校内创新创业实践平台作用，深入实施大学生创新创业训练计划；提升大众创业万众创新示范基地带动作用，加强双创示范基地建设，深入实施创业就业"校企行"专项行动，推动企业示范基地和高校示范基地结对共建、建立稳定合作关系。

在"办好中国国际'互联网+'大学生创新创业大赛"方面：完善大赛可持续发展机制，鼓励省级人民政府承办大赛，同时充分利用市场化方式，研究推动中央企业、社会资本发起成立中国国际"互联网+"大学生创新创业大赛项目专项发展基金；打造创新创业大赛品牌，坚持以赛促教、以赛促学、以赛促创，丰富竞赛形式和内容，推进大赛国际化进程，搭建全球性创新创业竞赛平台，深化创新创业教育国际交流合作。

《意见》进一步压实各方责任，将支持大学生创新创业工作分解为 18 项具体任务，逐项明确了责任部门，督促支持大学生创新创业各项政策的落实，同时加强经验交流和推广。

思考一： 在"大众创业、万众创新"的新时代，大学生应该扮演怎样的角色？

思考二： 什么是创新？什么是创业？两者有什么关系？

相信完成本节课的学习之后，你会对以上问题有更深刻的认识。

---

① 国务院办公厅. 国务院办公厅关于进一步支持大学生创新创业的指导意见. (2021-10-12)[2022-11-14]. http://www.gov.cn/zhengce/content/2021-10/12/content_5642037.htm.

第二节 线上学习

一、课程导论

在"大众创业、万众创新"的新时代，高校的创新创业教育非常重要。作为本教材配套的线上学习资料，"创新基础与创业实践方法"有明确的课程学习主线，用一条渐进式流程，依次揭开创新、创业的神秘面纱，最终帮助学习者掌握创新思维和创业实践方法、全面理解如何在创新的基础上进行创业。本节作为线上学习的导论课，将从课程背景、课程目标、适用人群、知识结构、学习要求几方面逐一进行介绍。

扫描二维码在线学习"创新基础与创业实践方法"1.1 课程导论

二、案例解读

 **案例一**

2021 年全球创新指数报告①

世界知识产权组织（WIPO）于 2021 年 9 月 20 日发布了《2021 年全球创新指数报告》（以下简称为《2021 年报告》），中国列第 12 位，较 2020 年上升两位。《2021 年报告》高度评价中国在创新方面取得的进步，并强调了政府决策和激励措施对于促进创新的重要性。

中国自 2013 年起，全球创新指数排名连续九年稳步上升，上升势头强劲，位居中等收入经济体首位。

WIPO 从 2007 年开始发布全球创新指数报告，该报告已经成为国际上关于创新和知识产权水平的权威报告，具有较强的客观性，受到国际社会的高度关注。《2021 年报告》从创新投入、创新产出两个方面，通过政策环境、人力资本与研究、基础设施、市场成熟度、商业成熟度、知识与技术产出、创意产出等七大类 81 项指标，对全球 132 个经济体的综合创新能力进行系统衡量。

---

① 袁于飞. 二〇二一全球创新指数中国第十二 连续九年稳步上升. (2021-09-22)[2022-11-14]. http://www.gov.cn/ xinwen/2021/09/22/content_5638642.htm.（内容有修改）

案例解析：《2021年报告》表明自2013年以来，中国政府高度重视创新对于经济发展的重要性，并积极采取了一系列的决策和激励措施，这使得中国的创新能力得到了显著的提升，获得了国际社会的高度认可。

案例二

第七届四川省国际"互联网+"大学生创新创业大赛金奖项目
"蚁目了然"——水利工程有害生物智能化检测系统

四川易科纳瑞科技有限公司是一家以无线通信的检测系统为基础，利用监测数据自动采集装置及红外射线视频图像捕捉系统的高新技术企业，于2020年1月由成都理工大学学生团队创建，团队成员主要分为商业运营和技术研发创新两大类。团队紧跟时代趋势，积极探索"互联网+水利"发展模式，加强水利建设的信息化与智能化，已完成水利工程有害生物智能化检测系统的设计，实现平台的初步搭建，平台设置了预警信息、风险列表、设备状态、生物数据统计等多个板块，研发出针对水库堤坝的白蚁监测产品——基于机器视觉的白蚁监测装置、基于大数据技术的数据监测系统。项目获得了第七届中国国际"互联网+"大学生创新创业大赛四川省金奖。

2021年4月，团队与成都理工大学致远楼智能硬件开发实验室、四川农业大学达成稳定合作，在四川省水利科学研究院、四川省都江堰水利发展中心东风渠管理处实现了产品初步更新以及硬件部分实地测试等工作进程，后续将继续推广高效率、长寿命、零污染、低成本、适应不同工作环境的病虫害监测系统与水库安全管理系统。

案例解析：在双创浪潮下，这样的例子有很多，这是新时代下中国青年的机遇和挑战。中国国际"互联网+"大学生创新创业大赛旨在激发大学生的创造力，培养造就"大众创业、万众创新"的主力军；推动赛事成果转化，促进"互联网+"新业态形成，服务经济提质增效升级；以创新引领创业、创业带动就业，推动高校毕业生更高质量创业就业。

第三节 线 下 学 习

课前准备

请教师在中国大学慕课平台发布签到、练习题、讨论内容。
请学生上课前完成签到，下课前完成练习，下课后完成讨论。

一、课程知识

（一）双创浪潮

随着科学技术高度发达的知识经济时代的到来，创新驱动型经济和创业型经济已成为世界各国经济发展所追求的重要模式，对于创新创业人才的需求与日俱增。

《国务院关于大力推进大众创业万众创新若干政策措施的意见》[①]指出："推进大众创业、万众创新，是发展的动力之源，也是富民之道、公平之计、强国之策，对于推动经济结构调整、打造发展新引擎、增强发展新动力、走创新驱动发展道路具有重要意义，是稳增长、扩就业、激发亿万群众智慧和创造力，促进社会纵向流动、公平正义的重大举措。"2018 年，《国务院关于推动创新创业高质量发展打造"双创"升级版的意见》[②]进一步指出："大众创业万众创新持续向更大范围、更高层次和更深程度推进，创新创业与经济社会发展深度融合，对推动新旧动能转换和经济结构升级、扩大就业和改善民生、实现机会公平和社会纵向流动发挥了重要作用，为促进经济增长提供了有力支撑。"

"大众创业、万众创新"是培育和催生经济社会发展新动力的必然选择，是扩大就业、实现富民之道的根本举措，是激发全社会创新潜能和创业活力的有效途径。国家提出"大众创业、万众创新"以来，大学生成为创新创业主力军，高校成为孕育创新型创业项目的重要场域。

（二）创新与创业

创新一词，在经济学上，最早由经济学家约瑟夫·熊彼特（Joseph Alois Schumpeter，1883—1950）于 1912 年在其《经济发展理论》一书中提出。他把创新定义为建立新的生产函数，即企业家进行或实现生产要素和生产条件的新结合。它包括五种情况：引入一种新产品，采用一种新的生产方法，开辟一个新市场，获得原材料或半成品的一种新的供应来源，建立新的组织形式。随着科技进步、社会发展，对创新的认识在不断演变，创新这一概念也进一步被研究、被认识。关于创业的定义，我国著名创业教育专家李家华教授认为，创业活动是突破现有资源约束，利用机会创造价值的过程[③]。

把创新和创业有机结合在一起就是常说的创新创业。它是创新基础上的创业

---

① 国务院. 国务院关于大力推进大众创业万众创新若干政策措施的意见. (2015-06-16)[2022-11-14]. http://www.gov.cn/zhengce/content/2015-06/16/content_9855.htm.

② 国务院. 国务院关于推动创新创业高质量发展打造"双创"升级版的意见. (2018-09-26)[2022-11-14]. http://www.gov.cn/zhengce/content/2018-09/26/content_5325472.htm.

③ 李家华. 创业基础（第 2 版）. 北京：清华大学出版社，2015.

活动，创新是创业的基础和前提，创业是创新的体现和延伸。创新强调的是开拓性与原创性，而创业强调的则是通过实际行动获取利益的行为。

（三）创新型创业

进入新时代以来，为进一步激发全社会的发展活力，建设创新型国家，政府高度重视创新创业活动，倡导"大众创业、万众创新"，将创新和创业活动紧密联系在一起，提出创新应作为创业的前提。

那么"以创新为基础"与"不以创新为基础"的创业有什么不同呢？全球创业观察[①]（Global Entrepreneurship Monitor，GEM）在 2001 年的首个报告中指出，按照创业的动机，创业分为生存型创业和机会型创业。生存型创业通常是一种被动性创业，创业者为了获得基本的生存收入而进行创业。机会型创业是一种主动性创业，创业者为了追求商业机会而从事创业活动。

本教材综合国内外学者不同学科角度的研究成果，借鉴 GEM 报告中的分类方法，进一步厘清内涵，将创业分为传统型创业与创新型创业（表 1-1）。创新型创业是以创意为驱动，主动把握创新构想和方案转化形成产品或服务的价值机会，进而从事的创业活动。创新型创业是一种机会型创业，具有高成长性的特点，不仅能够带动更多人就业，还能促进市场和行业变革，对经济社会发展具有重要贡献，是国家鼓励大学生进行的高质量就业。

表 1-1　传统型创业与创新型创业的对比

维度	创业类型	
	传统型创业	创新型创业
商业机会	一直存在的市场需求	刚被发掘或新出现的市场需求
市场规模	市场规模有限	市场规模不断扩大
经济效益	企业产生的经济效益比较固定	企业产生的经济效益能在一定时期内飞速增长
行业变革	对行业变革几乎没有作用	能积极推动行业变革
社会价值	提供的就业岗位数量少，质量不高	能较大规模地带动就业，改善民生
实现途径	在现有经营模式的基础上进行简单的复制与模仿，没有开创性迭代或新知识新技术的运用	在现有经营模式的基础上进行开创性迭代或新知识新技术的运用

---

① GEM 项目是由美国巴布森学院（Babson College）和英国伦敦商学院（London Business School）联合发起的。该项目是在 1999 年开始实施的全球性调查项目，重点考察三个基本问题：第一，不同国家或地区创业活动的活跃程度是否存在差异？第二，什么因素影响和决定了差异的存在？第三，创业活动对经济增长的贡献程度如何？该项目是目前最具国际影响力的创业调研项目之一。

二、课堂拓展

拓展一

创新理论的鼻祖

约瑟夫·熊彼特是著名的经济学家，学术界普遍认为"创新"一词是由他在 1912年首次系统提出的。约瑟夫·熊彼特被誉为创新理论的鼻祖，其代表作有《经济发展理论》《资本主义、社会主义与民主》《经济分析史》等。据统计，熊彼特提出的"创造性毁灭"，在西方世界的被引用率仅次于亚当·斯密的"看不见的手"。①

拓展二

现代管理学之父

彼得·德鲁克（Peter Ferdinand Drucker，1909—2005），现代管理学之父，是 20 世纪具有重要影响的管理学大师。他在《创新与企业家精神》（1985 年）一书中，强调了当前的经济已由"管理的经济"转变为"创新的经济"，阐述了创新的产生方式，强调了行动与效果之间的联系。其代表作有《卓有成效的管理者》《21 世纪的管理挑战》等。

拓展三

《创业的国度——以色列经济奇迹的启示》②

该书通过考察以色列的社会环境，深入分析了以色列的移民政策、研发计划、兵役制度等，回答了以色列一个仅有 710 万人口、笼罩着战争阴影、自然资源匮乏的国家如何产生较多的新兴公司的问题，揭露了以色列经济奇迹背后的秘密。

三、随堂检测

（一）单选题

1. 创新是一种（　　）的能力。

---

① 科技日报. 被重新发现的熊彼特. (2013-06-28)[2022-11-14]. http://scitech.people.com.cn/n/2013/0628/c1057-22000740.html.

② 丹·塞诺，索尔·辛格. 创业的国度——以色列经济奇迹的启示. 王跃红，韩君宜，译. 北京：中信出版社，2010.

A. 先天获得的

B. 可以靠后天学习获得的

C. 延续性的

D. 自发的

2. 关于创新型创业的特点，以下不正确的是（　　）。

A. 新知识、新技术的运用

B. 市场前景良好，市场规模不断扩大

C. 对行业变革有促进作用

D. 经营模式为简单的复制与模仿

3. 我国著名创业教育专家李家华教授将创业活动定义为（　　）。

A. 开创某种事业的活动

B. 是一个发现和捕捉机会并由此创造出新颖的产品或服务模式和实现其潜在价值的过程

C. 是突破现有资源约束，利用机会创造价值的过程

D. 发现、创造和利用商业机会，组合生产要素，创立自己的事业，以获得商业成功的过程或活动

4. 约瑟夫·熊彼特在 1912 年将创新定义为（　　）。

A. 人们为了发展的需要，运用已知的信息，不断突破常规，发现或产生某种新事物、新思想的活动

B. 建立新的生产函数

C. 利用已存在的自然资源或社会要素创造新的矛盾共同体的人类行为

D. 技术改革的结合

（二）多选题

5. 创新基础上的创业活动中，创新与创业的关系是（　　）。

A. 创新是创业的基础和前提

B. 创新是创业的基础和体现

C. 创业是创新的体现和延伸

D. 创业是创新的前提和延伸

6. 下列关于创新型创业的表述，正确的是（　　）。

A. 通常在某一领域有技术创新、模式创新或其他创新的创业方式

B. 具有高成长性的特点

C. 对经济社会发展具有重要贡献

D. 能够解决更多人就业，促进市场、行业变革

E. 创新型创业是生存型创业的延伸

（三）判断题

7. 开特色餐馆是一种创新型创业。（　　）

8. "大众创业、万众创新"出自 2014 年 9 月夏季达沃斯论坛上李克强总理的讲话。（　　）

9. 机会型创业是创业者为了生存、没有其他选择而无奈进行的创业，显示出创业者的被动性。（　　）

10. 创新创业，无论是对国家、社会、企业，还是对我们个人，都非常重要。（　　）

第四节　课　堂　互　动

一、小组讨论：组建团队

讨论 1：了解团队成员

1. 结合性格测试结果，了解团队内部各成员的性格特点。
2. 小组内部讨论，选拔出本小组的组长。
3. 在组长的带领下找到团队中各成员的相同点，例如爱好、经历等，收集各位成员的特长。

讨论 2：成立课程学习团队

1. 小组内部讨论，设计出一个团队名称。
2. 结合团队名称和特色，取一个响亮的口号。
3. 综合团队名称、特色与口号，制作团队标志、徽章和海报。

二、课堂活动：找到队友

活动 1：PDP 性格测试

活动目的：挖掘企业和组织中目标明确、态度积极和具有领导潜力的优秀成员，强化他们的创业天赋优势，提高个人与组织的绩效。

活动内容：参考附录 1。

活动时长：10～15 分钟。

活动流程：1. 自主测试，判断自己的性格类型。

2. 组建一支拥有多元化性格的团队。

三、课堂作业：团队展示

作业 1：组建一个很棒的团队

团队名称及意义
团队成员及分工
团队口号
团队标志
团队徽章
团队海报

第五节 课 后 任 务

一、教师任务

请教师下课前在慕课堂上发布公告，并点击下课；下课后在慕课综合评论区发布以下帖子。

请同学们完成第一章线上作业"组建一个很棒的团队！"，线上发帖与回复。

说明：每位同学在慕课综合评论区对小组进行介绍，200 字左右，可以添加图片，展示组建的学习团队和成员。

二、学生任务

请学生完成以下作业。

（一）线上回帖

完成第一章线上作业"组建一个很棒的团队！"，线上发帖与回复。

（二）线下预习

完成慕课"创新基础与创业实践方法"第二章"创新者基因"线上课程学习。

优质帖展示

示例一

睿智创新，激情创业！我们是来自成都理工大学投资学专业的 15 团队！15 是汉字"是我"的谐音，代表着团队在创新创业路途中无畏承担责任的勇气和突破创新的信心！秉持着脚踏实地、无畏险阻、突破创新的理念，15 团队乐于加入新时代创业者的大家庭，在双创浪潮中注入"15 力量"！团队的口号是："成"青春之韵，不避斧钺，勇者无畏是我；"成"时代之骏，朝气蓬勃，奋发有为是我；"成"纯真初心，心之所向，素履以往是我；"成"创业之路，行于坚守，成于创新是我；宝剑锋从磨砺出，梅花香自苦寒来。

以下是各组员的介绍。小 C：敢为人先是我，脚踏实地是我，坚持不懈是我，理想纯真是我，融合创新是我，微光一粒是我，坚实之基是我，为国为民是我。小 S：社交达人，个性嘻嘻哈哈、吵吵闹闹，最大的爱好是跳舞，喜欢美食、旅行和养生，梦想是在海边生活！小 F：喜欢可爱、奇奇怪怪的一切事物，善于观察总结，既能安安静静一人独处，又能热热闹闹与朋友嬉戏玩闹，可谓静若处子，动若脱兔。小 T：性格跳脱，爱好是听音乐、看电影和旅游，喜欢尝试新的事物，既期待自己的生活热烈而有趣，也追求宁静致远的状态。

15 团队海报

示例二

智慧小天团由一群有想法、求发展、勇实践的成员组成。团队的核心理念是把智慧与水果结合起来，智慧代表儿童，水果代表健康。我们的目标就是让孩子们聪明快乐、健康成长。

成员简介：小 H，团队队长，智慧小天团中的智慧火龙果，充满自信，竞争心强，看问题能够直指核心，并围绕目标全力以赴，在团队中负责领导及决策。小 C，智慧小天团中的智慧菠萝，思维较灵活，十分耐心，在团队中负责团结同学，输出创新观点。小 Y，智慧小天团中的智慧小桃，性格热情随和，活泼开朗，具有进取心和团队精神，有良好的协调沟通能力，适应力强，爱创新，热爱音乐、舞蹈等艺术类活动。小 S，智慧小天团中的智慧橘子，喜欢与他人合作，重视团队，会主动营造愉快活泼的气氛，建立快乐的工作情绪与深厚的团队感情，乐观、积极、好玩，喜欢团队。小 Z，智慧小天团中的智慧猕猴桃，性格开朗、稳重，待人热情，精力旺盛，思想新潮，有获得成功的坚定决心。

智慧小天团团队海报　　　　　　智慧小天团团队 LOGO

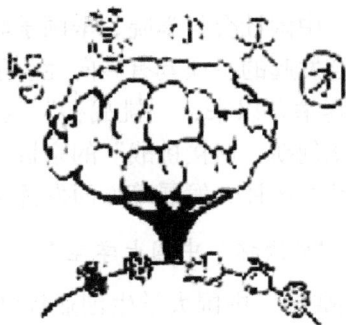

——成都理工大学创新创业教育翻转课堂第 8 期 02 班学员

三、课后阅读

（一）中国国际"互联网+"大学生创新创业大赛

中国国际"互联网+"大学生创新创业大赛，由教育部与政府、各高校共同主办。大赛的主要任务是以赛促教，探索人才培养新途径；以赛促学，培养创新创业生力军；以赛促创，搭建产教融合新平台。切实提高学生的创新精神、创业意识和创新创业能力。在创新创业中增长智慧才干，坚定执着追理想，实事求是闯新路，把激昂的青春梦融入伟大的中国梦，努力成长为德才兼备的有为人才。以创新引领创业、创业带动就业，努力形成高校毕业生更高质量创业就业的新局面。

可以查询"全国大学生创业服务网"了解更多信息。

（二）"挑战杯"全国大学生课外学术科技作品竞赛和中国大学生创业计划竞赛[①]

挑战杯是"挑战杯"全国大学生系列科技学术竞赛的简称，竞赛官方网站为 www.tiaozhanbei.net。"挑战杯"竞赛在中国共有两个并列项目，一个是"挑战杯"中国大学生创业计划竞赛，另一个则是"挑战杯"全国大学生课外学术科技作品竞赛。这两个项目的全国竞赛交叉轮流开展，每个项目每两年举办一届。

---

① 挑战杯. "挑战杯"全国大学生课外学术科技作品竞赛和中国大学生创业计划竞赛. [2022-11-14]. http://www.tiaozhanbei.net/focus.

1. "挑战杯"全国大学生课外学术科技作品竞赛

"挑战杯"全国大学生课外学术科技作品竞赛是由共青团中央、中国科协、教育部、中国社会科学院、全国学联和地方政府共同主办，国内著名大学、新闻媒体联合发起的一项具有导向性、示范性和群众性的全国竞赛活动。自 1989 年首届竞赛举办以来，"挑战杯"竞赛始终秉承"崇尚科学、追求真知、勤奋学习、锐意创新、迎接挑战"的宗旨，在促进青年创新人才成长、深化高校素质教育、推动经济社会发展等方面发挥了积极作用。

2. "挑战杯"中国大学生创业计划竞赛

"挑战杯"中国大学生创业计划竞赛又称商业计划竞赛，是风靡全球高校的重要赛事。它借用风险投资的运作模式，要求参赛者组成优势互补的竞赛小组，提出一项具有市场前景的技术、产品或者服务，并围绕这一技术、产品或服务，以获得风险投资为目的，完成一份完整、具体、深入的创业计划。

竞赛采取学校、省（自治区、直辖市）和全国三级赛制，分预赛、复赛、决赛三个赛段进行。

（三）国家级大学生创新创业训练计划[①]

国家级大学生创新创业训练计划简称国创计划，围绕经济社会发展和国家战略需求，重点支持直接面向大学生的内容新颖、目标明确、具有一定创造性和探索性、技术或商业模式有所创新的训练和实践项目。国创计划实行项目式管理，分为创新训练项目、创业训练项目和创业实践项目三类。

（1）创新训练项目是本科生个人或团队，在导师指导下，自主完成创新性研究项目设计、研究条件准备和项目实施、研究报告撰写、成果（学术）交流等工作。

（2）创业训练项目是本科生团队，在导师指导下，团队中每个学生在项目实施过程中扮演一个或多个具体角色，完成商业计划书编制、可行性研究、企业模拟运行、撰写创业报告等工作。

（3）创业实践项目是学生团队，在学校导师和企业导师的共同指导下，采用创新训练项目或创新性实验等成果，提出具有市场前景的创新性产品或服务，以此为基础开展创业实践活动。

登录"国家级大学生创新创业训练计划平台"，了解更多信息。

---

① 中华人民共和国教育部. 教育部关于印发《国家级大学生创新创业训练计划管理办法》的通知. (2019-07-15)[2022-11-14]. http://www.moe.gov.cn/srcsite/A08/s5672/201907/t20190724_392132.html.

第二章 创新者基因

第一节 学 习 导 航

一、思维导图

```
                                                  建立新联系
                                                  角色扮演
                                  联系能力          "好奇盒子"训练法
                                                  SCAMPER

                                                  问题风暴
                                  提问能力          追踪提问回答比

                                                  观察用户
                     本章学习      观察能力          观察公司
                                                  用感官观察

                                                  构建想法交际网络
                                                  积极参加论坛
        创新者基因                  交际能力          建立创意社区
                                                  参加专家交互培训

                                                  拆解物件
                                  实验能力          试验想法
                                                  发现潮流

                     课堂互动      小组讨论：寻找创新者基因
                                  课堂活动：训练创新者基因
```

二、学习与提升

1. 认知层：了解创新者需要具备的素质。

2. 能力层：从成为创新者的目标出发，按照"创新者基因"理论，提升联系、提问、观察、交际和实验五个方面的能力。

3. 实践层：通过团队协作，对每名成员的"创新者基因"情况进行分析，按照素质互补的原则对团队成员进行适当调整。

三、案例导入

从抖音广告创意的五大特征 看创意已经涌现了哪些新可能？[①]

2020 年 9 月，巨量引擎营销创意负责人东东枪通过"创意的新可能"主题分享，与 500 多位创意人共同探讨了这一话题。

"每天，有超过 6 亿人使用抖音（数据截至 2020 年 8 月，含抖音火山版）；过去一年，超过 2 200 万创作者在抖音上获得总计 417 亿元的收入；在巨量星图平台，商业化内容创作者规模超 13 万；巨量引擎平台日均整体新增广告视频数高达 70 万。伴随着'生意新可能'而来的，是无数'创意的新可能'。这些'新可能'以前所未有的量级涌现、以前所未有的方式出现、以前所未有的面貌出现。"东东枪分享道。

"前所未有的面貌是什么样的？我们总结出来五点：更独特的个性、更广泛的融合、更年轻的表达、更自我的语境、更真切的沟通。"

1. 更独特的个性

什么是抖音范儿的创意？人们可能第一印象会将其套上活泼、搞笑等固定标签。但其实抖音广告创意的"更独特的个性"并非只有一种，而是百花齐放。"这些个性，有品牌自己的个性，有抖音的个性，也有抖音上不同的创作者的个性。抖音的用户基数足够大，可以容纳各种各样的个性。新的玩法在不断地被发明和传播，被大家欢迎。"东东枪表示。

2. 更广泛的融合

面向不同圈层的用户群体，我们发现抖音广告创意做了风格非常广泛的融合，例如：某品牌凉白开广告将动画片中的夸张表现与现实进行"跨次元的融合"；某剧情手游融入了宫廷剧的经典桥段；某品牌巧克力则充分结合竖屏的媒介特性，将上下屏交互形式巧妙融入广告创意之中；某品牌谷粒多的广告曲更是

[①] 光明网. 从抖音广告创意的五大特征 玩转创意新可能. (2020-09-22)[2022-11-14]. https://m.gmw.cn/baijia/2020-09/22/34210322.html.（内容有修改）

把不同年代的流行元素混搭到一起，做出一锅时尚 icon（偶像）大杂烩。

可以说，无论怎样融合，在抖音都不违和。

3. 更年轻的表达

自带年轻基因的抖音通过更具创意的表达，为品牌的年轻化和逆生长带来了更多可能。在《想从龙套翻身变主角吗？用它！》的视频中，宝洁博朗一改以往品牌的沉稳风格，用短视频创意传递年轻人的个性主张，成功捕获年轻群体的好感；作为传统车企，一汽大众抓住年轻人的科幻喜好，通过"#冰原驭雪 极境大片硬悍上演，汽车人大战 探岳完胜，swag～"短视频，打造了一场"汽车人大战"的极境大片，让人看完觉得又酷又爽；毛豆 App 同样用贴合年轻人熟悉的生活场景，通过幽默的日常母子对话，有效拉近与年轻群体的距离，展现了与在其他媒介平台上完全不一样的毛豆品牌形象；高通骁龙在创意上大胆突破，让年轻人看见科技品牌不再高冷，也能玩出有趣创意。

4. 更自我的语境

"语境"，是做创意时必须要考虑的因素之一。相较于其他平台，抖音的"语境"有什么不同？

不难发现，品牌在抖音与用户群体间的对话语境，更加"一对一"和"亲密"，这是抖音与其他平台最大的不同。正是这种专属交流感的营造，让品牌能够将更微妙的洞察、更难以言说的情感，用更真实、更自然的创意进行表达。

5. 更真切的沟通

回归本质，品牌最终需要在抖音实现与消费者更真切的沟通，展现其真实鲜活的品牌或产品形象。vivo 通过在高层楼窗口用 X30Pro 60 倍超级变焦功能指挥同事在地面停车的视频创意，真实地传达出产品功能；荣耀手机通过"穿针"的动作，结合手机超级微距模式的功能特点，让穿针的瞬间变得轻而易举。

这些，是我们在抖音看到的创意的新可能。

创意的新可能，为消费者带来更加亲切、真诚的品牌发声，为营销带来更加深入、高效的沟通方式，为创意带来更加广阔、充满惊喜的空间。

思考一：你认为形成以上创新商业想法的人需要具有哪些创新者的品质呢？

思考二：你最喜欢的产品是怎么被发现的呢？请你以自己最喜欢的产品为例，查阅相关资料，破解它被发现的秘密。

相信完成本节课的学习之后，你会对以上问题有更深刻的认识。

四、复盘总结

课堂心得

第二节 线上学习

一、创新者的基因

本节课聚焦于创新者的特质，学习以克莱顿·克里斯坦森为代表的学者所研究的"颠覆性技术"及相关成果。克莱顿·克里斯坦森是"颠覆性技术"概念的首创者，他在代表作《创新者的基因（珍藏版）》中描述了创新者的特质，构建了"破坏性创新者的基因"模型。

扫描二维码在线学习"创新基础与创业实践方法"1.2 创新者的基因

二、案例解读

案例一

"智慧酒店"带来旅行好体验[①]

新冠疫情的暴发带来更多不确定性，酒店的经营环境与客人的需求也愈加多变。一些酒店已经越来越智能化，客人可以通过微信小程序，享受在线选房、自助入住、机器人送物、自助开发票等一系列智能化服务。酒店还可以通过对客人住前、住中、住后各个服务场景的数据把控，获取客人的偏好选项。这样可以提前做好服务准备，满足客人在不同阶段的需求，有效提升服务质量和效率。

除了为客人带来满意的住宿体验外，数字化还赋能酒店运营各环节，提升管理效率。例如，以前在检查和清洁酒店客房时，需要人员做纸质版物品登记表，不仅容易出错，而且不便管理。现在，员工可以使用客房管理系统，登录之后在线上完成登记和检查物品。系统每天自动进行物资盘点，快速得出准确的数据，这样减少了耗时、冗余的操作，员工工作体验更好。

随着住宿业数字化的转型，数据将不断沉淀，酒店得到的客人画像更加清晰。在这个变化过程中，酒店要考虑如何提供更多客人所需的服务。在疫情防控常态化的背景下，人们的消费习惯发生了变化。一方面，出游条件的不确定性使"先囤后约"的酒店套餐备受欢迎；另一方面，酒店功能已从"一张床"进化到了"目的地"和社交空间，许多客人不仅以"住"为目的，还希望在酒店实现更加个性化、内容丰富的度假体验。

案例解析：在本案例中，由于疫情的原因，酒店采用线上无接触的营业模式，实现数字化转型的同时，还充分考虑客人的住宿体验和员工的工作体验。不得不承认，"智慧酒店"为消费者和商家带来了更大的价值。

案例二

"智慧养老"助力"老有所依"[②]

随着民众对人口老龄化问题的愈加关注，"智慧养老"的概念开始深入人

---

① 周姝芸. "智慧酒店"带来旅行好体验. (2022-03-09)[2022-11-14]. https://article.xuexi.cn/articles/index.html?art_id=12408828267181795860&t=1646818880962&showmenu=false&study_style_id=feeds_default&source=share&share_to=wx_single&item_id. （内容有修改）

② 学习强国. "智慧养老"助力"老有所依". (2019-10-25)[2022-11-14]. https://article.xuexi.cn/articles/index.html?source=share&art_id=8435132043369621923&showmenu=false&study_style_id=feeds_default&t=1611111828340&share_to= wx_single&ref_read_id=b4ea2674-dd06-4802-99e9-d4b9a3261289_1647162375291. （内容有修改）

心。智慧养老有多种体现形式，比如有专门针对老年人的穿戴设备，可以对老年人进行定位或者远程监控，有突发情况时可以第一时间告知看护人。在健康管理方面，互联网、大数据能为老年人的健康管理实行全方位、全天候的监控和防护。

更多现代化技术与智能设备的应用，会带来多层次的服务内容，解决更多元的养老需求，这也是智慧养老相较于传统养老更具优势的地方。例如，人工智能在养老服务中的运用就有很多可能。"人工智能技术既可以简单地监测老年人的血压、心率等健康指标，也可以帮助老年人解决移动出行等问题。"中瑞福宁机器人有限公司副总经理肖永认为，人工智能还具有一定的交流能力，未来可以帮助缓解独居空巢老人的精神关爱问题。

目前，社区、机构、医院、驿站等形式的养老服务覆盖能力仍然有限。特别是居家养老，所需的人力成本最高，也是智慧养老最被寄予厚望、期待发挥更大作用的领域。虽然问题存在，不过中国智慧养老产业发展整体上正处于上升阶段，未来诸如人工智能等技术在养老服务中的价值，还会不断被发现和认可。

案例解析： 近年来，养老资源的供给难以满足养老需求，智慧养老产业的发展抓住了人口变化的创新机遇，满足了老年人的生活需求并响应了国家政策，实现了创新发展。

第三节　线　下　学　习

课前准备

请教师在中国大学慕课平台发布签到、练习题、讨论内容。
请学生上课前完成签到，下课前完成练习，下课后完成讨论。

一、课程知识

简单来说，创新者应该具有包括联系、提问、观察、交际和实验五方面的能力。下面逐一介绍以上五种能力，培养学生的创新性思维。

（一）联系能力

苹果公司的创始人史蒂夫·乔布斯曾说过"创造力就是把事物联系起来"[1]。创新者的大脑尝试整合并理解新信息。这个过程能帮助创新者将看似不相关的问

---

[1] 杰夫·戴尔，赫尔·葛瑞格森，克莱顿·克里斯坦森.创新者的基因（珍藏版）.2版.曾佳宁，译.北京：中信出版社，2020：27.

题、难题或想法联系起来，从而发现新的方向。创新者通常擅长联系，他们会有意识地在不同事物中建立联系，这是对现有信息进行拓展的创新方法，特别是跨越我们在日常生活中各种习以为常的界限，比如打破地域限制，打破行业藩篱，去掉职业门类，跨专业融合各类知识。

如何才能在想法和问题之间建立出人意料的联系，以下四种方法可以帮你更快地形成新的想法、创造性地解决存在的问题。

1. 建立新联系[①]

创新者有时会将完全不相关的事物生拉硬拽地联系起来。首先请你想出一个自己遇到的难题，再确定一个不相关的随机事物或想法（可以是随意翻开一页书中的一个名词，或者是随机打开一个网页的词条），然后思考这个事物或想法与你的难题有什么关系。关键是随机找到一些事物，然后和你的难题建立联系，并且要竭尽全力自由地（甚至是疯狂地）建立联系，大量的联系可以产生了不起的想法。用这个方法的时候可以参考表 2-1 帮助组织想法。

表 2-1　生拉硬拽地建立新联系

遇到的难题	不相关的随机事物或想法	潜在的联系

2. 角色扮演[②]

取一叠卡片，在上面写一些世界 500 强公司的名字，然后随机抽取一家公司与你的公司配对，然后进行创造性头脑风暴，想象如果你的公司和卡片上的公司合作或者合并，会如何创造新的价值。通过想象这两家公司强强联手，你会产生很多关于新产品、新服务或全新的和令人惊喜的想法。

3. "好奇盒子"训练法[③]

收集奇异有趣的物件，放在自己准备的"好奇盒子"里。然后在每次遇到难题或者机遇的时候，从盒子里随机取出一件独特的物品，将该物品和你的难题联系起来。这个做法能激发随机的联系，将我们拖出习惯性的思维模式。

---

① 杰夫·戴尔，赫尔·葛瑞格森，克莱顿·克里斯坦森. 创新者的基因（珍藏版）. 2 版. 曾佳宁，译. 北京：中信出版社，2020：46.

② 杰夫·戴尔，赫尔·葛瑞格森，克莱顿·克里斯坦森. 创新者的基因（珍藏版）. 2 版. 曾佳宁，译. 北京：中信出版社，2020：48.

③ 杰夫·戴尔，赫尔·葛瑞格森，克莱顿·克里斯坦森. 创新者的基因（珍藏版）. 2 版. 曾佳宁，译. 北京：中信出版社，2020：49.

4. SCAMPER[①]

艾利克斯·奥斯本和鲍勃·艾伯乐提出了 SCAMPER 思考法。SCAMPER 是几个英文单词的缩写，S 指的是 substitute（取代），C 是 combine（结合），A 是 adapt（改造），M 是 magnify（放大）、minimize（缩小）或 modify（修改），P 是 put to other uses（一物多用），E 是 eliminate（删减），R 是 reverse（倒转）或 rearrange（重新安排）。你可以使用部分或所有方法，重新思考你的难题或机遇。

（二）提问能力

创新者是绝佳的提问者，热衷于求索。提问能力是激发创造性想法的关键催化剂，帮助创新者思考现象背后的逻辑，从中寻找更优化的方案机会。超常规的提问，有可能揭示很多原本没有留意或者意料之外的细节，越是难以回答的问题，越能启发人的思考，越具有潜在价值。在了解情况后，我们通过人为设计限制条件，迫使思维跳出常规，这样的方法可以帮助我们找到不同寻常的方案，从而创造性地解决问题。

创新者不仅会提出发人深省的问题，还会不断尝试提出更好的问题。以下两个方法可以让人不断地提出更好的问题。

1. 问题风暴[②]

先找出一个需要解决的问题，针对这个问题提出相关的问题而不是解决方案。请一个人专门负责把这些问题写到黑板上，这样每个人都可以看到，其他人可以在此基础上，提出更深入的问题，直到提出至少 30 个问题为止。提完问题后，将最重要的问题列为优先考虑的问题，讨论这些问题，获得更好的方案。

2. 追踪提问回答比[③]

破坏型创新者一直都有很高的提问回答比，一般而言，他们的提问次数不仅超过了回答次数，而且提出的好问题要比好回答更有价值。我们可以在不同场合，观察和评估自己的提问和回答模式，记录提问率和回答率。要想提高提问回答比，我们可以回顾自己提过的问题，然后反思"还有哪些问题是我没有问出来的？""我还可以问什么问题？"。

---

① 杰夫·戴尔，赫尔·葛瑞格森，克莱顿·克里斯坦森. 创新者的基因（珍藏版）. 2 版. 曾佳宁，译. 北京：中信出版社，2020：50.

② 杰夫·戴尔，赫尔·葛瑞格森，克莱顿·克里斯坦森. 创新者的基因（珍藏版）. 2 版. 曾佳宁，译. 北京：中信出版社，2020：71.

③ 杰夫·戴尔，赫尔·葛瑞格森，克莱顿·克里斯坦森. 创新者的基因（珍藏版）. 2 版. 曾佳宁，译. 北京：中信出版社，2020：74.

（三）观察能力

创新者也是勤奋的观察者。上文提到创新者是绝佳的提问者，那么如何提出一个恰当的问题呢？事实上，恰当的问题的提出依赖于获取信息的正确性和可靠性，而获取正确、可靠信息的有效方法就是亲自去观察，亲自去体验。

下面将介绍三个观察的方法。

1. 观察用户[①]

定期外出观察，仔细观察用户是如何使用产品或服务的，从而锻炼观察能力，产生更多的创新性想法。观察用户的喜好，寻找使用户的生活变得更轻松的事物。用户有什么普遍需求？你的产品或服务无法满足哪些功能或者情感需求？用户有什么出乎预料的行为？积极地观察一个用户或者潜在用户，从头到尾地看他如何体验某种产品。

2. 观察公司[②]

选择一家世界 500 强公司或者你推崇的公司，也可以选择刚起步的创新型公司，收集这个公司的所有资料以及做事的方式。安排一次考察，亲自到这家公司研究其策略、运营和产品，不断寻求新的机遇。而且不断扪心自问："在这些想法中，有没有经过改造可以用在我的公司的？这个策略、手段或者活动和我的公司有没有关联？"

3. 用感官观察[③]

观察用户或者公司的时候，要调动包括视觉、听觉、嗅觉、触觉和味觉在内的所有感官。在拜访用户或者实地考察的时候，有意识地注意某种感官感受，并且要密切注意这种感受有可能触发的创造性想法。一定要将观察所得（情景、声音、气味、触感和味道）记录在想法日记上，以备日后进一步探索。

（四）交际能力

人际资源是一种重要的创新资源，受到创新者的重视。创新往往需要"破圈"，也就是突破已有的圈子，尽可能地认识"圈外"的人，这意味着要和不同学科、不同兴趣爱好、不同年龄群体、不同职业的人交流。交际活动可以促进人们把

[①] 杰夫·戴尔，赫尔·葛瑞格森，克莱顿·克里斯坦森. 创新者的基因（珍藏版）. 2 版. 曾佳宁，译. 北京：中信出版社，2020：97.

[②] 杰夫·戴尔，赫尔·葛瑞格森，克莱顿·克里斯坦森. 创新者的基因（珍藏版）. 2 版. 曾佳宁，译. 北京：中信出版社，2020：98.

[③] 杰夫·戴尔，赫尔·葛瑞格森，克莱顿·克里斯坦森. 创新者的基因（珍藏版）. 2 版. 曾佳宁，译. 北京：中信出版社，2020：99.

自己的知识领域和他人的相融合，为面临的问题提供更多创新灵感，以便找到更好的创新机会。将"只能这样做"的命题转化为"为什么不可以这样做"的验证题。

可以使用以下几个方法，练习并加强自身的交际技能。

1. 构建想法交际网络[①]

列一张名单，写下你要找出或改进某个新想法时会联系的十个人。在这些人中，有几位可能有与你截然不同的背景或观点。如果现在列出的交际网络并不大，交际群体也很单一，就需要使这个网络更加多样化。解决方式是确定并拜访几位在某些方面和你不同的人，可参考表2-2。

表 2-2　你的交际网络

姓名	国籍	行业	性别	年龄	社会经济情况	职业
1						
2						
3						
4						

2. 积极参加论坛[②]

选择一个与你的专业相关的论坛，然后选一个与你的专业不相关的论坛。努力结识新人，了解他们面临的难点问题，征求他们对你面临的难点问题的想法和观点。

3. 建立创意社区[③]

挑几个你认为乐于讨论新想法并能激发你创造性思维的人，成立一个创意社区；选定一个有创意的见面地点用于交换想法和拓展新想法；定期聚会（至少一个月一次），讨论潮流和新想法。

4. 参加专家交互培训[④]

找几个不同职能部门、行业或者来自不同地区的专家，参加他们的培训课程

① 杰夫·戴尔，赫尔·葛瑞格森，克莱顿·克里斯坦森. 创新者的基因（珍藏版）. 2版. 曾佳宁，译. 北京：中信出版社，2020：116.
② 杰夫·戴尔，赫尔·葛瑞格森，克莱顿·克里斯坦森. 创新者的基因（珍藏版）. 2版. 曾佳宁，译. 北京：中信出版社，2020：118.
③ 杰夫·戴尔，赫尔·葛瑞格森，克莱顿·克里斯坦森. 创新者的基因（珍藏版）. 2版. 曾佳宁，译. 北京：中信出版社，2020：118.
④ 杰夫·戴尔，赫尔·葛瑞格森，克莱顿·克里斯坦森. 创新者的基因（珍藏版）. 2版. 曾佳宁，译. 北京：中信出版社，2020：118.

和会议，感受他们的工作和领域。

（五）实验能力

创新者总是在尝试新的体验，制作产品原型，试行新的想法。制作产品原型的目的是更好地进行实验。产品原型并不需要十分精美，也不一定需要 3D 打印、数控加工等设备来制作。用纸张贴合、用轻质黏土等材料制作而成的原型，或者画在白板上的 1∶1 线稿，都是有效的实验。不断对产品原型中的数据进行收集整理、逐步优化，从而解决用户的问题，才是最为关键的环节。实验能力的提升可以来源于日常生活，也可以通过跨界活动、思考、研习新的技能，将一些你觉得有意思的产品进行拆解再组合，由此提升创造原型的经验。

要增强实验技能，就需要有意识地在工作和生活中保持检验假设的思维。你可以使用以下方法，练习并增强你的实验技能。

1. 拆解物件[①]

在家里找一个坏了的物件，或者去旧货市场买一些你可以轻易拆开的物件，寻找一些你一直感兴趣，但从来没有时间探索的东西。匀一整块时间，把这个东西一点点拆开，寻找新的见解，看看它的设计、操作和生产原理。在日志上或笔记本上画下或写下你的观察。

2. 试验想法[②]

每个月针对工作中形成的新的想法，开展一次小规模的试点实验，做一些以前没有做过的事情，看看能够从中得到什么新的想法或创意点。当然，开展实验，意味着有可能失败，所以你必须要有承受失败的勇气，并且从中吸取经验教训。

3. 发现潮流[③]

积极地关注当下流行的书籍、文章、杂志、网站及其他资源，尝试确定新潮流。挑几个你认为擅长发现新潮流的人，阅读他们所写的材料，并思考下一个新潮流是什么。然后，根据这些潮流思考，能引发新产品或新服务的有趣实验，进而想出一个创造性实施实验的方法。

---

① 杰夫·戴尔，赫尔·葛瑞格森，克莱顿·克里斯坦森. 创新者的基因（珍藏版）. 2 版. 曾佳宁，译. 北京：中信出版社，2020：138.
② 杰夫·戴尔，赫尔·葛瑞格森，克莱顿·克里斯坦森. 创新者的基因（珍藏版）. 2 版. 曾佳宁，译. 北京：中信出版社，2020：138.
③ 杰夫·戴尔，赫尔·葛瑞格森，克莱顿·克里斯坦森. 创新者的基因（珍藏版）. 2 版. 曾佳宁，译. 北京：中信出版社，2020：139.

二、课堂拓展

海尔凭什么持续引领质量创新浪潮①

2021年9月16日，第四届中国质量奖评选结果正式揭晓，共表彰了9家组织和1名个人。中国质量奖是中国质量领域的最高荣誉，旨在推广科学的质量管理制度、模式和方法，促进质量管理创新，传播先进质量理念。值得一提的是，自2012年该奖设立后，首届中国质量奖就由海尔斩获。

作为持续创新的引领企业，海尔在积极落实国家质量强国战略的同时，不断根据时代发展和客户需求对质量创新的内涵和举措进行迭代。从取得第一枚质量金牌到斩获首届中国质量奖，海尔的创新发展之路可以看作是"中国创造"转型发展的一个缩影，在推进制造强国、质量强国的道路上，也在持续推动着行业的创新发展。

引领升级：从产品高质量到体验高质量

自改革开放到20世纪90年代初，人民物质需求快速增长，各类商品供不应求，中国企业普遍缺乏质量意识，形成了"即使产品做得不好，作为处理品也可以卖出去"的观念，这可以看作是"质量萌芽"时期。

然而，这一观念却随着海尔"砸冰箱"事件走向了终结。1985年，在物资紧缺、一台冰箱相当于一名职工两年收入的情况下，海尔却砸掉了76台不合格冰箱，这一砸不仅让海尔人树立了"零缺陷"的质量意识，也引领行业开启了全面质量管理时代。三年后，海尔人捧回了中国冰箱行业的第一块国家质量金奖，推动行业全面质量管理发展进入新阶段。

伴随着中国加入世界贸易组织，整个行业迎来了"质量振兴"的新发展阶段。为此，海尔率先与国际标准接轨，将ISO9000标准引入国内，构建了系统化的质量管理体系并开始全面推进由保修期到保证期的质保体系。自2005年首创"人单合一"模式后，海尔开始探索构建以客户最佳体验为核心的全流程质量保证体系，首次将客户交互纳入了研发、生产、销售、物流等全流程，由此推动整个行业改变，将客户体验作为质量检验的首要标准。

进入新时代，人民日益增长的美好生活需要和不平衡不充分的发展之间的矛盾突出，习总书记强调要"推动中国制造向中国创造转变，中国速度向中国质量转变，中国产品向中国品牌转变"②。

---

① 观察者. 海尔凭什么持续引领质量创新浪潮. (2021-09-26)[2022-11-14]. https://baijiahao.baidu.com/s?id=1711944352910106080&wfr=spider&for=pc.（内容有改动）

② 光明网. 强化创新引领 加快"三个转变" 更好推动中国制造高质量发展. (2021-05-24)[2022-07-28]. https://m.gmw.cn/baijia/2021/05/24/34870566.html.

2019 年，海尔正式进入生态品牌战略阶段，将质量内涵从产品迭代上升到体验迭代，围绕客户需求跨行业、跨品类无边界地链接多维资源，为客户提供场景生态下的定制化服务体验，引领行业开启了场景体验迭代的质量管理新时代。

追根溯源：坚持人的价值第一

时代大潮变幻不息，在质量创新不断向前的推动者中，为何海尔总是引领的那一个？究其原因，是海尔始终坚持"人的价值第一"。

在传统时代，客户认为质量好就是产品用不坏；在互联网时代，客户需求更加偏向智能化的产品；在物联网时代，客户则更加看重个性化定制的场景体验。海尔的实践恰恰可以看作是这种发展趋势的一个缩影。

围绕客户的基础质量需求，海尔不断通过技术创新提升产品的质量。数据显示，截至 2021 年 4 月，海尔已经申请了 6 万多个的全球专利，其中 3.8 万多个的发明专利占比超过 63%，位居中国家电行业第一。

随着客户需求的不断升级，获得个性化定制的场景体验成为客户的全新需求。比如海尔打造的食联网，连接了商超、食品、大厨等众多生态方，共同为客户打造"买、吃、存、做、洗、改"的全流程智慧厨房场景体验。为了让客户在家做出正宗的北京烤鸭，食联网联合国宴大厨、养鸭场等相关生态方，将烤鸭做成预制菜品，客户只需放入烤箱，90 分钟后便可尝到堂食口感的北京烤鸭。后来根据客户需求，食联网又迭代出了风味版、减脂版和片制版烤鸭，不断为客户打造便捷智能的美食体验。

如何实现对客户体验的升级？关键就在于员工。海尔除了在技术等层面的努力，更重要的是通过管理模式创新，释放员工的自主性去创造并满足客户的质量追求。

企业提升质量之路，不只是产品迭代之路，更是对人的美好生活的追求之路，激活每个员工的创造力，为客户创造高品质生活的同时实现员工价值最大化。

勇担使命：引领社会经济高质量发展

当前我国已经完成了第一个百年奋斗目标，正在向全面建成社会主义现代化强国的第二个百年奋斗目标奋进。站在重要的历史交汇点，习总书记反复强调"高质量发展"，指出"高质量发展是'十四五'乃至更长时期我国经济社会发展的主题，关系我国社会主义现代化建设全局"①。

这一阶段，海尔基于"人单合一"模式，进行生态品牌转型，超越单个企业

---

① 光明网. 紧紧抓住高质量发展这个主题. (2021-04-21)[2022-07-30]. https://m.gmw.cn/baijia/2021-04/21/34779813.html.

的质量建设，转而通过打造创新生态，推动生态下各产业的高质量发展。生态品牌是基于客户需求，联合各行业生态方共同创造新的解决方案，持续满足客户体验迭代价值的同时，为各生态方带来增值分享，既解决了供需精准匹配，也实现了产业生态的持续创新。

三、随堂检测

（一）单选题

1.《创新者的基因（珍藏版）》是（　　）的代表作。
A. 马克斯·韦伯　　　　　　　　　B. 彼得·德鲁克
C. 法约尔　　　　　　　　　　　　D. 克莱顿·克里斯坦森

2. 调动所有感官去观察是培养（　　）能力的一种方法。
A. 联系　　　　　　　　　　　　　B. 提问
C. 交际　　　　　　　　　　　　　D. 观察

3. 用纸张贴合、用轻质黏土等材料制作而成的原型体现的是创新者的（　　）。
A. 实验能力　　　　　　　　　　　B. 联系能力
C. 提问能力　　　　　　　　　　　D. 交际能力

4. 和专家交互培训能增加我们的（　　）。
A. 联系能力　　　　　　　　　　　B. 提问能力
C. 交际能力　　　　　　　　　　　D. 观察能力

（二）多选题

5. 创新者应该具有哪些能力？（　　）
A. 联系能力　　B. 提问能力　　C. 观察能力　　D. 交际能力
E. 实验能力

6. 交际能力包括（　　）。
A. 多元化你的交际网络　　　　　　B. 每年至少参加两次论坛
C. 建立创意社区　　　　　　　　　D. 参加专家交互培训

（三）判断题

7. 创新者基因包括动手能力。（　　）

8. 问题是激发创造性想法的关键催化剂。（　　）

9. 创新者基因是可以通过后天的学习培养的。（　　）

10. 创新者应该具有包括联系、思考、观察、交际和实验五方面的能力。
（   ）

第四节 课 堂 互 动

一、小组讨论：寻找创新者基因

讨论 3：创新者基因打分

小组成员根据实际情况给团队各成员的五种能力进行打分，1～5 分，5 分为最高分哦!

姓名					
联系能力	⑤④③②①	⑤④③②①	⑤④③②①	⑤④③②①	⑤④③②①
提问能力	⑤④③②①	⑤④③②①	⑤④③②①	⑤④③②①	⑤④③②①
观察能力	⑤④③②①	⑤④③②①	⑤④③②①	⑤④③②①	⑤④③②①
交际能力	⑤④③②①	⑤④③②①	⑤④③②①	⑤④③②①	⑤④③②①
实验能力	⑤④③②①	⑤④③②①	⑤④③②①	⑤④③②①	⑤④③②①

二、课堂活动：训练创新者基因

活动 2：四巧板

活动目的：通过使用四巧板搭建不同的形状，训练学生关于创新者基因的五种能力。

活动时间：10～15 分钟。

活动教具：每组一个四巧板。

活动流程：

1. 提问·联系：一个四巧板可以拼出多少种形状?
2. 观察：通过 2 分钟的观察，请小组每位同学说出可以拼成的形状数量。
3. 交际·实验：10 分钟内，用四巧板拼成不同形状并拍照。

各小组拼成的形状数量					
第 1 组	第 2 组	第 3 组	第 4 组	第 5 组	第 6 组

三、复盘总结

课堂心得

第五节　课 后 任 务

一、教师任务

请教师下课前在慕课堂上发布公告，并点击下课；下课后在慕课综合评论区发布以下帖子。

请同学们完成第二章线上作业"我身边的创新者基因"，线上发帖与回复。

说明：每位同学在慕课综合评论区描述身边创新者基因的案例，100 字左右。

二、学生任务

请学生完成以下作业。

（一）线上回帖

完成第二章线上作业"我身边的创新者基因"，线上发帖与回复。

（二）线下预习

完成慕课"创新基础与创业实践方法"第三章"创新机遇来源（上）、创新机遇来源（下）"线上课程学习。

优质帖展示

示例一

我们组长是一位优秀的创新者，他经常向我们提问，鼓励小组一起交流讨论，通过各种联系来对问题进行多维度解答。例如，之前他分享说，共享单车的兴起可以追溯到：该如何解决最后一公里的问题呢？为什么不通过共享的方式来实现呢？

——成都理工大学创新创业教育翻转课堂第 1 期 01 班学员

示例二

黄峥是一位我非常喜欢并且敬佩的创新者，我认为他的创新精神值得我们学习。在网购兴起的年代，多数投资都倾向于高消费项目，而一般消费者的选择并不多。他敏锐地发现了这一痛点，创造了"拼多多"网购平台，革新了消费模式。

——成都理工大学创新创业教育翻转课堂第 8 期 03 班学员

第三章　创新机遇来源

第一节　学习导航

一、思维导图

```
                                          创新机遇定义

                                                    意外事件

                                                    不协调的事件
                              本章学习      内部创新机遇
                                                    程序需要

                                                    产业结构或市场结构的变化

创新机遇来源                                        人口变化

                                          外部创新机遇  认知和情绪的变化

                                                    科学技术发展带来新技术与新知识

                                          小组讨论：思考创新机遇来源

                              课堂互动      课堂活动：识别创新机遇来源

                                          课堂作业：发现创新机遇来源
```

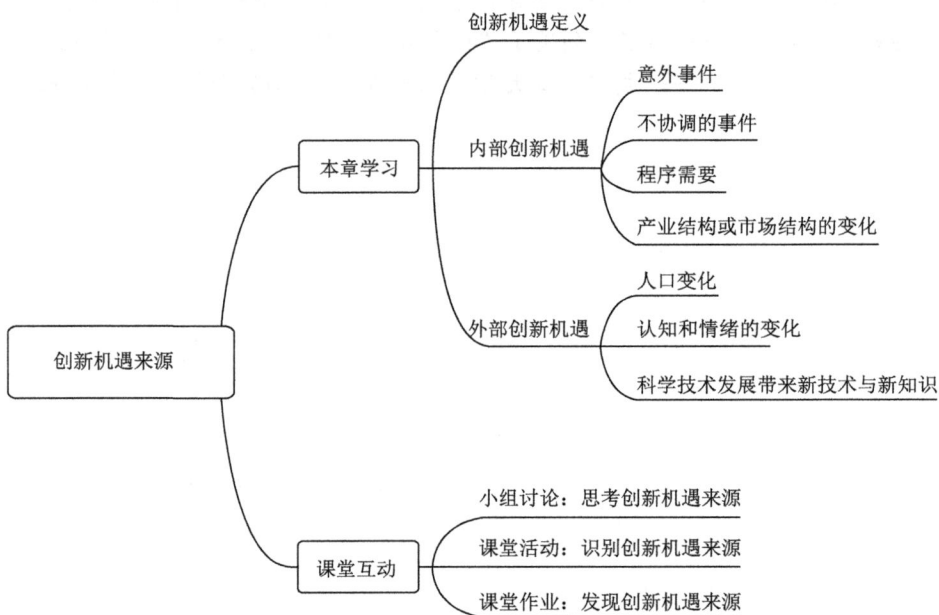

二、学习与提升

1. 认知层：了解创新机遇的来源广泛，分为七种不同类别。

2. 能力层：提升对创新的识别能力，能有效辨别创新机遇的类别，客观分析企业创新案例，学习如何识别和把握机遇。

3. 实践层：通过团队协作对若干个创新机遇进行归类，并且立足于团队本身具有的条件，对能否把握创新机遇进行可行性分析和评估。

三、案例导入

第七届中国国际"互联网+"大学生创新创业大赛四川省产业赛道获奖项目：
"虔橙似锦——乡村振兴背景下革命老区的 IP 设计与价值再造"

赣南等原中央苏区在中国革命史上具有特殊、重要的地位，在这里诞生了井冈山精神、苏区精神和长征精神，但是由于地理条件等限制因素，经济发展相对滞后。振兴发展赣南等原中央苏区，既是一项经济任务，更是一种重大使命。项目负责人与来自各个学院的项目组成员一起，探索出了一条革命老区乡村振兴的道路：在如今以 Z 世代①为主要消费客户群的背景下，虚拟 IP 前景广阔，或许正是振兴革命老区的破局之匙。

虚拟 IP 要在革命老区乡村振兴的进程中发挥出助力作用，其关键在于自身的文化价值。赣南革命老区典型意象的选取和运用显得尤为重要，主要从突出赣南地域特色，具有高辨识度，具有突出的情感价值，可发展周边类型丰富的产品等方面进行考量。基于此，项目组设计了小橙与赣巨人的 IP 形象，形象的灵感来源于赣南客家文化、特色脐橙、赣巨人的神话传说，虚拟 IP 与地域特色的紧密结合、人类社会与自然界的深度融合，都为小橙与赣巨人两大 IP 注入了明显的文化价值。

IP 助力乡村振兴视域下脐橙营销与价值再造，主要针对预热、爆发、延续三个发展时期实施相应的营销策略。预热期，重在吸睛引流，建立口碑，以内容运营、渠道运营以及平台运营为出发点，制定营销方案，建立 IP 社群，对准 Z 世代需求痛点；爆发期，通过"线上+线下一体化营销"突出赣南特色，体现 IP 价值，实现渠道强化、消费转化；延续期，持续 IP 沉淀，增强客户黏性，增加粉丝联动，并相继推出系列周边与动漫。

虚拟 IP 引领革命老区的路径选择，可以从四个方面入手来实现革命老区的价值再造：党建引领，以共同富裕为核心目标，把更多农业增值收益留在农村、留给农民，实现经济价值再造；知行合一、勇于革命、民族团结，把发生在红色土地上的故事传播出去，实现文化价值再造；生态居住、生态采摘、生态旅游开创内容、体验、消费新形态，打造赣南特色生态圈，实现生态价值再造；打造颜值高、口碑好、服务全、群众爱、无风险的 IP，增强定心力、转化力、延展力、吸引力、洞察力，实现品牌价值。

思考一：创新机遇是什么？

思考二：你认为创新机遇的来源有哪些？

相信完成本节课的学习之后，你会对以上问题有更深刻的认识。

---

① Z 世代是一个网络流行语，通常是指 1995～2009 年出生的一代人，他们一出生就与网络信息时代无缝对接，受数字信息技术、即时通信设备、智能手机产品等影响比较大。

第二节　线　上　学　习

一、创新机遇来源（上）

创业过程始于商机，商机始于创新机遇。彼得·德鲁克的理论明确了创新机遇的定义。创新机遇一共有七大来源，包括四种内部创新机遇、三种外部创新机遇。内部创新机遇分别是：意外事件、不协调的事件、程序需要、产业结构或市场结构的变化。这四种创新机遇来源主要存在于企业、机构或行业内部。

扫描二维码在线学习"创新基础与创业实践方法"1.3 创新机遇来源（上）

二、创新机遇来源（下）

社会随着时代的发展而不断变化，必然会带来新的需求；各类社会构成要素的不断变化，也造就了新的需求，新的需求中蕴含着创新机遇。外部创新机遇的来源有三种，分别是人口变化、认知和情绪的变化、科学技术发展带来新技术与新知识。这三种创新机遇来源主要产生于企业、机构或行业外部。

扫描二维码在线学习"创新基础与创业实践方法"1.4 创新机遇来源（下）

三、案例解读

案例一

中国企业以创新激发高质量发展新动能[①]

云账户（天津）共享经济信息咨询有限公司是一家"土生土长"的天津企

---

① 刘惟真. 中国企业以创新激发高质量发展新动能. (2021-10-25)[2022-11-14]. https://baijiahao.baidu.com/s?id= 1714578578097918698&wfr=spider&for=pc.（内容有修改）

业，面向全国的平台企业和个体经营者提供零工经济服务。最初企业从事的是技术外包工作。在这个过程中，企业经营者发现随着共享经济、零工经济的快速发展，大量劳动者开始以灵活就业的形式提供多元化社会服务，他们对于身份核验、收入结算、税款代缴等方面的业务存在较大需求。凭借此前积累的技术实力，该企业开始在零工经济人力资源服务领域进行创新探索。创新创业之路并非一帆风顺，该企业也曾遭遇经营策略保守、重研发轻销售等原因导致的难题。但凭借着迎难而上、披荆斩棘的"精气神"，该企业积极应对，快速调整市场策略，翻开了发展的"新篇章"。

案例解析：该企业通过深入了解行业内的市场变化，发现了市场中未曾受到关注的新需求，精准把握了市场变化的脉搏，在创新路上成功挖掘出发展机遇。

案例二

共享机遇，推动创新发展——在进博会感受创新活力①

中国高度重视科技创新，致力于推动全球科技创新协作。第四届中国国际进口博览会为各方创新成果提供优质展示平台，在互学互鉴、共赢共享中促进共同发展。

在第四届中国国际进口博览会上，参展商展示了422项新产品、新技术、新服务。"全球首发""亚洲首秀""中国首展"引人瞩目。很多参展商都表达了同样的心声：在这里能够更真切地看到行业创新的趋势，找到转型升级的方向。

案例解析：进博会热闹非凡的场景，充分诠释了科学技术发展带来新技术与新知识所提供的创新机遇，企业通过外部资源——进博会搭建的创新成果展示平台，与各方交流创新理念，探讨创新合作，共谋创新发展。

第三节 线 下 学 习

课前准备

请教师在中国大学慕课平台发布签到、练习题、讨论内容。
请学生上课前完成签到，下课前完成练习，下课后完成讨论。

---

① 高石，孟祥麟，杨迅，等. 共享机遇，推动创新发展——在进博会感受创新活力. (2021-11-11)[2022-11-14]. http://www.gov.cn/xinwen/ 2021/11/11/content_5650257.htm.（内容有修改）

一、课程知识

（一）创新机遇及其来源

1. 创新机遇

创新机遇是依据现有的思维模式提出有别于常规或常人思路的见解，从而发现能够解决客观事物现存问题或对已有事物进行革新的机会。

2. 创新机遇来源[①]

创新机遇来源分为内部创新机遇和外部创新机遇。内部创新机遇是指企业、机构或行业内部的各种可以帮助抓住创新机遇的现象，具体包括意外事件、不协调的事件、程序需要、产业结构或市场结构的变化。外部创新机遇是指宏观大环境的变化所产生的可以帮助找到创新机遇的现象，具体包括人口变化、认知和情绪的变化、科学技术发展带来新技术与新知识。

（二）七大创新机遇简介

1. 四种内部创新机遇

1）意外事件[②]

意外事件是指客户的真实需求在不经意间得到满足，这一来源是所有创新机遇中最容易获得和可预测的，而且所需的创新时间最短。意外事件的产生有多种可能：①一些产品或服务的实际业绩获得了比预期更好的意外成功；②企业对市场真实情况不了解，导致推出的产品或服务意外失败；③企业管理者所收集和采用的信息资料中没有反映出意外变化。

这些意外事件往往都是在市场发生变化时产生的。例如，美国著名的3M公司发明的便利贴便属于一次意外事件。本来实验室想生产黏性很强的胶，最后得到的是一种黏性较弱的胶。在大家感到沮丧准备放弃的时候，有人发现这是一种有点黏又不会太黏，可以贴在纸上反复撕贴，而不会破坏纸张的完美小工具，完全契合了部分人的需要。果然，后来便利贴成为口碑爆表的热卖品，流行至今。由此可见，意外事件能帮助人们跳出先入为主的观念、假设以及原来确定之事，是创新取之不尽的源泉。

2）不协调的事件[③]

不协调的事件指客观现实与个人主观想象之间的差异。不协调的状况有以下

---

① 彼得·德鲁克. 创新与企业家精神. 蔡文燕，译. 北京：机械工业出版社，2018：43.
② 彼得·德鲁克. 创新与企业家精神. 蔡文燕，译. 北京：机械工业出版社，2018：45-67.
③ 彼得·德鲁克. 创新与企业家精神. 蔡文燕，译. 北京：机械工业出版社，2018：68-90.

四种类型：①经济现状的不协调，通常指某个产品的需求在稳步增长时并没有带来经济效益的同步提高；②没有认清这个行业出现了不协调，从而产生错误的想法，导致错误的方向；③提供的产品或服务的价值和期望与客户所需要的价值和期望不协调，当供应商和生产商在抱怨顾客"不理想"或"不愿为品质付出代价"时，就属于这种情况；④程序的节奏不协调或逻辑的内部不协调，在产品被使用时，客户能够意识到这种情况。

不需要了解不协调的事件发生的本质，只需要重视这种创新机遇的征兆。其不稳定性产生的巨大效应，很可能促成经济或社会结构的重新调整。例如，在20世纪50年代，远洋货轮的成本升高及港口装卸造成积压导致该行业濒临灭亡。后来创新出一种解决方法：将装货与装船分开，先在陆地上把货装进集装箱，再在港口把集装箱装进轮船。"不协调"的问题得以解决，既降低了成本，又解决了港口拥挤问题，提升了装卸效率，挽救了远洋货轮行业。

3）程序需要[①]

新背景新技术诞生后，需要重新定义流程从而产生的创新机遇。其成功需要五个基本要素：①不受外界影响；②存在"薄弱"或"欠缺"的环节；③清晰、明确的目标；④解决方案的详细规范可以加以界定；⑤大众对"更好的办法"有共识，接受度高。

除此之外，其成功还需要三个限制条件：①理解所需要的是什么；②是否有解决问题的新知识或新技术；③该方案是否符合预期客户的习惯和价值观。

通过"扫码支付"来阐述基于程序需要的创新。从基本要素的角度看：①支付是一种产生于买卖双方的内部程序，不受外界影响；②传统支付方式存在需要携带现金或信用卡比较麻烦的"薄弱"环节；③"扫码支付"是为了解决传统支付方式的这一"薄弱"环节；④无论客户使用"支付宝"还是"微信支付"都需要买卖双方同意和规范的解决方案；⑤使用智能手机的大众普遍愿意接受这样的方案。从限制条件的角度看：①客户需要的是"扫码支付"带来更便捷的支付方式；②源于智能手机的新技术使解决方案成为可能；③"扫码支付"符合客户使用智能手机的习惯和喜欢便利的价值观。所以，"扫码支付"基于程序需要的创新能够大获成功。

4）产业结构或市场结构的变化[②]

随着当代社会科学技术呈现指数级增长，产业结构和市场结构会不断发生变化，如果不能及时顺应市场，辉煌无比的产业巨头也可能在一夜之间崩塌。例如，柯达公司曾经长期作为"信息影像"产业的巨头，是行业内公认的"统治

---

① 彼得·德鲁克. 创新与企业家精神. 蔡文燕，译. 北京：机械工业出版社，2018：81-89.
② 彼得·德鲁克. 创新与企业家精神. 蔡文燕，译. 北京：机械工业出版社，2018：90-104.

者"，没有任何一家企业可以撼动其地位，其巅峰市值超过 310 亿美元。该公司在 1976 年就率先发明了数字相机技术，在 1991 年就能够生产出 130 万像素的数字相机。在产业和市场发生变化时，由于在相机胶卷等传统产品方面的巨大利润和改革带来的巨大成本，柯达公司在具备技术优势时没有果断转入新的数字产品市场。最终，在数码相机、智能手机的不断冲击下，柯达公司在 2012 年 1 月破产。

2. 三种外部创新机遇

1）人口变化[①]

由于人口规模、年龄结构、就业情况、收入情况等方面发生的变化，客户对新兴市场、新产品等新需求增加。如果把网络看作一种人类活动空间，那么不断变化的网络客户也在进行"人口迁移"。例如，在中国，第一次大量"网民"的产生，带动了门户网站、网络软件的创新机遇，比如网易、腾讯、搜狐等。后来，随着智能手机的应用和普及，又急剧产生了大量的"移动端人口"，造就了大量依托苹果系统或安卓系统的 App 所产生的创新机遇，比如微博、微信等，现在短视频的客户增加，又带来了新的机遇和变化。

2）认知和情绪的变化[②]

认知和情绪的变化是指人们主观意识和状态改变所带来的需求变化。当认知发生变化时，事实本身也许并没有发生改变，但它们的意义已经改变了。网络购物在我国刚刚起步时，很多人并不接受，认为淘宝网就是"假冒伪劣"商品的代名词，认为网络购物不可能取代传统购物。但随着相关机制的健全，高质量网购平台的推出让顾客有了好的购物体验，认知也随之变化，网络购物从青年群体开始，逐渐扩展到各种年龄段的人群。中国互联网络信息中心（China Internet Network Information Center，CNNIC）发布的第 51 次《中国互联网络发展状况统计报告》显示，截至 2022 年 12 月，我国网络购物用户规模达 8.45 亿，较 2021 年 12 月增长 319 万，占网民整体的 79.2%。

3）科学技术发展带来新技术与新知识[③]

人们常说的技术创新就属于这种类型，这种类型是指新型科学技术所带来的需求变化，这种创新在历史上占有非常重要的位置，还能带动社会变革和发展。经济发达的国家，往往都会投入大量的资金用于研发新技术，这种投入有个专有名称——研究与试验发展经费（R&D 经费），是国际上通用的衡量国家竞争力的重要指标。不过，不同于其他种类的创新，这种创新所需的时间最长，难度最

---

① 彼得·德鲁克. 创新与企业家精神. 蔡文燕，译. 北京：机械工业出版社，2018：105-117.
② 彼得·德鲁克. 创新与企业家精神. 蔡文燕，译. 北京：机械工业出版社，2018：118-127.
③ 彼得·德鲁克. 创新与企业家精神. 蔡文燕，译. 北京：机械工业出版社，2018：128-155.

大，并且成功率最低。一方面，从新知识变为新的应用技术需要时间去实验；另一方面，新技术转化为市场上的产品或服务又需要一段时间去实践，而且无论实验还是实践，都是充满风险的。

二、课堂拓展

 **拓展一**

农村电商点燃脱贫致富新引擎①

为开辟县域特色产品"上行"新路径，开鲁县主动适应"直播带货"新形势，通过电商直播产业促进消费扶贫、活跃农村经济，先后在麦新镇、幸福镇、东风镇和黑龙坝镇推进微商村、网红直播村的建设。据了解，麦新镇扶贫小店不仅代销全镇 315 户贫困户家的农畜产品、手工制品，还拉动全镇乃至全县特色农产品"上行"，目前经营产品已丰富到 40 余种，平均日营业额近万元。仅杨晓红家的粽子，2020 年就有望售出 2 000 斤。

内蒙古开鲁县农村电商便是在恰当的时机抓住了创新机遇，由此可见，识别创新机遇很重要，但在恰当的时间和恰当的地点抓住创新机遇更重要。

 **拓展二**

坚定创新自信 紧抓创新机遇②

"十三五"时期，我国科技事业加快发展，创新能力大幅提升，在基础前沿、战略高技术、民生科技等领域取得一批重大科技成果。当前，我国已经开启全面建设社会主义现代化国家新征程，科技创新在党和国家发展全局中具有十分重要的地位和作用，全国广大科技工作者要面向世界科技前沿、面向经济主战场、面向国家重大需求、面向人民生命健康，坚定创新自信，紧抓创新机遇，勇攀科技高峰，破解发展难题，自觉肩负起光荣历史使命，加快实现高水平科技自立自强，为建设世界科技强国、实现中华民族伟大复兴作出新的更大贡献。

---

① 胡建华，张东亮. 内蒙古开鲁县：农村电商 点燃脱贫致富新引擎. (2020-06-24)[2022-11-14]. https://article.xuexi.cn/articles/index.html?art_id=5767780675870792018&t=1593335953449&showmenu=false&study_style_id=feeds_default&source=share&share_to=copylink&item_id=5767780675870792018&ref_read_id=59c02e91-8003-447e-9ffa-4cf1e5aca229_1648179760052.（内容有修改）

② 新华社. 习近平在参观国家"十三五"科技创新成就展时强调 坚定创新自信紧抓创新机遇 加快实现高水平科技自立自强 李克强栗战书汪洋王沪宁赵乐际韩正王岐山分别参观展览. (2021-10-26)[2022-11-14]. https://baijiahao.baidu.com/s?id=1714683349391748473&wfr=spider&for=pc.（内容有修改）

三、随堂检测

（一）单选题

1. 创新机遇理论是由（   ）提出的。

A. 约瑟夫·熊彼特
B. 爱因斯坦
C. 彼得·德鲁克
D. 埃隆·马斯克

2. 三种外部创新机遇是（   ）。

A. 人口迁移，认知和情绪的变化，科学技术发展带来新技术与新知识
B. 人口变化，认知和情绪的变化，科学技术发展带来新技术与新知识
C. 情绪变化，认知变化，人口变化
D. 情绪变化，人口变化，科学技术发展带来新技术与新知识

3. 若不能及时顺应市场，辉煌无比的产业巨头也可能在一夜之间崩塌，指的是（   ）。

A. 产业结构或市场结构的变化
B. 科学技术发展带来新技术与新知识
C. 认知和情绪的变化
D. 不协调的事件

4. 无论是从人才培养角度讲的"T"型发展的复合型人才，还是从学科专业角度讲的 STEAM 融合创新，其本质都是（   ）。

A. 打破传统方式方法的壁垒，进而实现交叉创新
B. 挖掘创新机遇
C. 改善传统市场缺陷
D. 否定传统

（二）多选题

5. 内部创新机遇来源包括（   ）。

A. 意外事件
B. 产业结构或市场结构的变化
C. 科学技术发展带来新技术与新知识
D. 不协调的事件

6. 以知识为基础的创新需要的前置时间最长，是因为（   ）。

A. 新知识的创造需要时间
B. 技术人员的培养需要时间
C. 应用技术成型需要时间
D. 产品化的周期很长

（三）判断题

7. 我们需要善用创新机遇理论，用科学的方法，找到创新突破口，为实现成功的创业行动打下坚实基础。（   ）

8. 科技创新是成功率很高的创新机遇类型。（   ）

9. 不协调是指不稳定性诱因，和之前的"意外事件"都是变化发生的征兆。（　　）

10. 人口结构的变化属于一种来源于产业或市场结构内部的创新机遇来源。（　　）

第四节　课　堂　互　动

一、小组讨论：思考创新机遇来源

讨论 4：从电商行业看创新机遇来源

在完成创新机遇相关知识学习的基础上，思考电商行业崛起的原因。

二、课堂活动：识别创新机遇来源

活动 3：发掘企业的创新机遇来源

以小组为单位，利用发的白纸和便利贴来完成活动。

每个团队从世界 500 强中挑选一些企业，分析其创新机遇来源，每种类型至少列举 3 个例子。

三、课堂作业：发现创新机遇来源

作业 2：创建创新机遇来源表

意外事件
不协调的事件
程序需要

续表

产业结构或市场结构的变化
人口变化
认知和情绪的变化
科学技术发展带来新技术与新知识

四、复盘总结

课堂心得

第五节 课 后 任 务

一、教师任务

请教师下课前在慕课堂上发布公告，并点击下课；下课后在慕课综合评论区发布以下帖子。

请同学们完成第三章线上作业"启动发现创新号！"，线上发帖与回复。

说明：每位同学从世界 500 强中挑选一些企业，建立其创新机遇来源表，每种类型至少列举 3 个。在慕课综合评论区回帖，可以添加图片。

二、学生任务

请学生完成以下作业。

（一）线上回帖

完成第三章线上作业"启动发现创新号！"，线上发帖与回复。

（二）线下预习

完成慕课"创新基础与创业实践方法"第四章"同理心观察、客户访谈"线上课程学习。

优质帖展示

示例一

1. 意外事件：3M 公司发明便利贴；柯达公司一名科学家发明胶卷；鲁班发明锯。
2. 不协调的事件：迷你钢铁厂；电视剧；造纸业。
3. 程序需要：智能机器人；新零售；无人驾驶。代表企业：西门子、伟世通、大陆集团。
4. 产业结构或市场结构的变化：新型经济体；农业产业化；数字经济。5G企业：菲律宾企业快乐蜂集团、华为、汇源集团。
5. 人口变化：助听器；足力健；脑白金。
6. 认知和情绪的变化：小型榨汁杯；京东网购；新能源汽车。
7. 科学技术发展带来新技术与新知识：原子弹；青蒿素；镭。

——成都理工大学创新创业教育翻转课堂第 2 期 03 班学员

示例二

1. 意外事件：臭豆腐；便利贴；微波炉；X 射线。

2. 不协调的事件：打车 App；电视剧；线上购票；网上银行；外卖；网购。

3. 程序需要：智能机器人；扫码支付；新零售；无人驾驶。

4. 产业结构或市场结构的变化：保健品行业；新型经济体；产业链；农业产业化；数字经济。

5. 人口变化：养老产业；助听器；近视眼手术；辅导班；兴趣班。

6. 认知和情绪的变化：短视频；心理医生；AR；人工智能；钻戒；化妆品；新能源汽车。

7. 科学技术发展带来新技术与新知识：智能家居；5G；光刻机；区块链。

——成都理工大学创新创业教育翻转课堂第 8 期 01 班学员

第二篇　创新思维与创新方案构建

　　闯过第一篇，我们走进了存放创新基因的宝库，探险者要继续前行，学会使用一些工具，不断补充、优化与完善创新想法，为正式踏上探险之旅做充足的准备。

　　第二篇内容围绕"创新思维与创新方案构建"，在识别创新机遇之后，我们将运用一种开放式创新思维方法——设计思考（design thinking）来构建创新方案。这是一种起源于斯坦福大学的设计方法，强调创新方案的创建应当以客户为中心，充分结合客户心理和使用情境。探险者将学习设计思考一般流程的五个步骤，运用多样的分析、设计工具逐步构建创新方案。

第四章　设计思考之同理心观察

第一节　学习导航

一、思维导图

二、学习与提升

1. 认知层：了解设计思考作为一种创新方法的广泛运用和一般流程，理解同理心的相关概念。

2. 能力层：能够掌握设计思考的思维方式，构建以客户为中心的同理心。

3. 实践层：进一步梳理团队成员的优势和特长，为形成更好的创新产品或服务做好基础工作，小组讨论形成"创新方案"并按照范式完成"创新主题设计"。

三、案例导入

预见未来，创建有"同理心"的智慧城市[①]

微软全球服务与数字业务副总裁 Anand Eswaran 表示："数字化转型正在帮助人们和组织重塑他们的工作和个人生活，建立更好的教育，实现更安全、健康和可持续的生活。我们面临着前所未有的大好机遇，可以通过数字化社会推动社会和经济发展。"

目前的技术已经足够成熟，可能性几乎是无限的。借助于人工智能和数据分析的进步，各行各业可以通过技术手段来预测人类的意图，并且技术对人类需求的反应也越来越灵敏。微软"包容性设计"理念成为这项工作的基础，通过构建同理心进行城市设计，所得到的宜居环境不仅具备优美的环境，而且让生活在城市中的每一个人，无论长幼，无论贫富，无论能力局限，都能得到便捷的生活支持，获得友好的社会环境。

"包容性设计"提出了城市数字神经系统的概念，这个系统是指用于管理城市运转并自动化城市核心职能的系统。借助于人工智能和数据分析的进步，现在这个概念已经有了许多实际的应用。奥克兰正在进行一个这样的项目。

奥克兰是新西兰最大的城市，其人口正在快速地增长。预计到 2040 年人口数量将翻倍。人口增长带来了交通问题，奥克兰现有的运输基础设施已经难以应对。奥克兰交通局的职责是帮助人们在城市中安全、高效地出行，通过与微软数字化团队合作，能更好地理解如何为人口增长做好规划。此项目利用来自公共交通枢纽、信号灯和十字路口的物联网数据来缩短人们的出行时间，缓解拥堵，并确保行人更加安全。

数字化转型是第四次工业革命中的核心元素，我们也越发深刻地领会到如何将这些技术运用到物理和生物领域中。这种变化的速度是史无前例的，而且对于每个国家、每个行业几乎都起到颠覆作用，社会也必须接受这种变革。转型不仅要保护居民的各项利益，还要提供社会所需的服务，并且为未来的增长做好规划。做到这些之后，政府将成为更加以人为本的政府，并且为提高每个人的生活质量做出贡献。

思考一：有同理心的智慧城市应该具有什么特点？

思考二：什么是同理心？为什么说同理心对于创业者来说很重要？

相信完成本节课的学习之后，你会对以上问题有更深刻的认识。

---

① 微软科技. 客户案例|预见未来，创建有"同理心"的智慧城市. (2018-01-31)[2022-11-14]. https://www.sohu.com/a/219988077_181341.（内容有修改）

第二节 线 上 学 习

一、同理心观察

本节介绍设计思考五步法的第一个步骤,学习如何使用同理心观察方法去收集客户信息。通过本节的阐述,你会认识到对客户有价值的创新不是凭空想象出来的,而是可以通过有效的方式方法去获得的,其关键在于建立对客户使用场景的同理心,关注到客户本身的真实需求。同理心观察是以人为中心的创新方法——设计思考的起点,也是贯穿始终的核心理念。

扫描二维码在线学习"创新基础与创业实践方法"2.1 同理心观察

二、客户访谈

根据对产品的使用需求,客户也可以区分为"领先""重度""中度""轻度""无需求"等类型,不同类型的客户其访谈价值也有很大区分,为了使访谈更有效果,小组需要尽量找到相关的"领先或重度使用者"。此外,还需要学习客户访谈原则和逐字稿的撰写方式。

扫描二维码在线学习"创新基础与创业实践方法"2.2 客户访谈

三、案例解读

 **案例一**

《以创意的名义》:北京冬奥会"冰墩墩"主创的设计思考①

"冰墩墩"历时 10 个月的创作,经过层层评审,最终从来自 35 个国家的

---

① 陈晓燕. 《以创意的名义》:北京冬奥会"冰墩墩"主创的设计思考. (2022-03-17)[2022-11-14]. https://www.xuexi.cn/lgpage/detail/index.html?id=7884682553024216572&item_id=7884682553024216572. (内容有修改)

5 816 幅作品中脱颖而出，整个造型设计灵感来自最适合代表中国的国宝熊猫，同时以场馆、科技感、爱心、冰晶为表现元素，最终演绎出"冰墩墩"的形象。"冰墩墩"的冰，象征纯洁、坚强，是冬奥会的特点；"冰墩墩"的墩，寓意敦厚、健康、活泼、可爱，契合熊猫的形象，象征冬奥会运动员强壮的身体、坚韧的意志和鼓舞人心的奥林匹克精神。

说起"冰墩墩"的总设计师，设计圈的人对他肯定不陌生，他曾设计出广州首个城市形象 LOGO、亚洲国际美食节 LOGO 等经典作品，他就是广州美术学院视觉艺术设计学院曹雪教授。

曹雪教授在其新作《以创意的名义》里，更深入地为我们讲述了参加这次冬奥会吉祥物征集比赛的创作历程。广州美术学院专场是 2022 年北京冬奥会和冬残奥会吉祥物全球征集活动的最后一站，大部分南方设计师没有见过冰雪，大家起初是抱有顾虑的，此时，曹雪教授放了一句"狠话"："在我看来，或许没有见过冰雪的孩子，反而对冰雪和冰雪运动有着不一样的想象力和创造力。"随后他立马回校组建了一个由师生人数各占一半的 14 人团队进行封闭式创作，最终获得成功。

案例解析：如果没有曹雪教授的这句"狠话"，可能也就没有"冰墩墩"的爆红。在这句"狠话"的背后，既是曹雪教授同理心观察的成功实践，也是设计思考的起点。

案例二

年轻人爱上适老版 App 只为逃出算法的包围[①]

近年来，大多数通用 App 的商业味道变浓了，甚至有厂商通过大数据和算法，不当收集客户信息，强行推送广告，让客户体验感大大下降。如今，为老年人量身定制的适老版 App 成为不少年轻人的新宠，这一现象不得不让人反思：年轻人为何追捧适老版 App？App 开发商、运营商应如何转变观念，根据客户的需求变化创新经营模式？

2019 年，东南大学艺术学院张志贤副教授指导学生团队设计了一款专门针对空巢老人 24 小时家居养老的 App "24H CARE"，该 App 获得了骇客哈佛2019 全球计算机大赛的亚军。张志贤说，设计应该以人为本，不论是针对少数人的专用 App，还是适合所有人的通用 App，都需要照顾到各方的利益和感受，

---

① 科技日报. 年轻人爱上适老版 App 只为逃出算法的包围. (2021-09-10)[2022-10-30]. http://finance.people.com.cn/n1/2021/0910/c1004-32223048.html.（内容有修改）

要有足够的包容性。设计师要有一体化思维，从多角度想问题，用同理心设计产品，最好的设计是用简单的方法解决复杂的问题。"有之以为利，无之以为用"，适老版 App 的走红并不意外，它恰恰反映出客户的某种需求。

案例解析：以同理心进行思考，站在消费群体的角度，考虑他们的实际需求情感，用同理心设计出来的商品才能真正具有市场竞争力。

第三节 线 下 学 习

课前准备

请教师在中国大学慕课平台发布签到、练习题、讨论内容。
请学生上课前完成签到，下课前完成练习，下课后完成讨论。

一、课程知识

（一）设计思考

1. 设计思考概述

设计思考是一门起源于斯坦福大学设计学院的创新思维课程，是一种国际公认的能够帮助人们优化设计工作流程的方法论。在这一方法论下，一群斯坦福大学的毕业生创立了设计界如雷贯耳的 IDEO 公司，为三星、苹果、3M 公司等世界著名的 500 强企业提供创新设计咨询服务。

设计思考具有什么样的独特之处呢？为什么说这套创新思维方法有着更突出的效果，让人着迷呢？简单来说，这是一种以客户为先的设计流程，从同理心出发挖掘客户真正的需求，并通过不断地尝试，找到一种满足客户需求的最佳方案。

设计思考的历史，最早可以追溯到 20 世纪 50 年代和 60 年代，由设计学界提出用于解决复杂的问题，通过整合多个学科和专业知识来深入了解"人"的感受。诺贝尔奖获得者、经济学家 Herbert Simon 在《人工科学》中提到了设计是一种思维方式，书中提到的许多观点被视为 20 世纪 70 年代设计思维的原则。在 20 世纪 80 年代，美国心理学家 Donald A. Norman 从认知心理学的角度探讨了许多设计的问题，并提出了"使用者中心设计"。哈佛大学 Peter Rowe 教授在 1987 年出版了《设计思维》（*Design Thinking*），介绍了建筑设计师怎样通过调查来完成任务。进入 20 世纪 90 年代后，IDEO 公司成立并迅速发展。2005 年，美国的 David Kelley 教授在斯坦福大学建立了设计学院（d. School）。不久，德国的 Weinberg 教授在波茨坦大学建立了设计思维学院。这两所学院培养了大量的顶尖设计人才。

2. 设计思考五步骤[①]

第一步，同理心观察。团队以观察者的身份带着需要解决的问题进行访谈，并基于同理心来洞悉被观察者群体的感受。

第二步，发掘洞见。团队需要将前一阶段收集到的各种数据进行设计团队内部的分享，根据这些资料进行故事拼图，发掘出洞见并找到设计切入点，定义出价值创新机会点。

第三步，创意发想。团队需要根据前面所发掘出的创新机会点进行头脑风暴，提出大量可能解决问题的方案，从而找到解决问题的最佳创意方法。

第四步，原型设计。团队需要从大量的解决方案中，找到最可行的办法，并制作出一个解决已有的问题的原型。

第五步，原型测试。团队用制作出的原型对已有的问题进行实验测试，观察原型是否能够解决已有的问题。

这五个步骤是一套可循环的工作流程，当中间的某一个步骤出现问题的时候，可以返回到前面的步骤。甚至，在测试结果不满意时，还可以重新进行一次。

（二）同理心

1. 同理心概述

同理心，亦译为"设身处地理解""感情移入""神入""共感""共情"，泛指心理换位、将心比心，是一种设身处地对他人的情绪和情感认知性的觉知、把握与理解的能力，主要体现在情绪自控、换位思考、倾听能力以及表达尊重等与情商相关的方面[②]。同情心是对他人的境遇感到遗憾，表达出对他人的理解和关怀，以至于暂时失去了理性和客观的立场。同理心不是同情，而是一种共鸣，例如，看到一个人摔倒了，我们会为他感到遗憾，这种感受就是同情心；如果看到他摔倒时，我们能够体会到他的痛苦，这种感受就是同理心。

---

① DAM RIKKE FRIIS. The 5 stages in the design thinking process. (2022-06-07)[2022-11-14]. https://www.interaction-design.org/literature/article/5-stages-in-the-design-thinking-process.

② 车文博. 当代西方心理学新词典. 长春：吉林人民出版社，2001：366.

2. 同理心地图[①]

著名视觉思考家 Dave Gray 开发了一个可视化的整理工具——"大脑袋练习"（Big Head Exercise），也叫"同理心地图"（Empathy Map，图 4-1）来帮助我们分类和整理客户信息，从而更好地了解客户。它的好处包含两个方面：①让团队与终端客户的理解保持一致；②帮助团队做出"以客户为中心"的设计决策。

图 4-1　同理心地图

同理心地图由七个部分组成，同理心地图的中心部分代表的是你关注的那位客户的"大脑袋"。然后在大脑袋周围，所有访谈中的有效信息都会从客户说了什么、做了什么、看到了什么、听到了什么、想法和感受、痛苦和获得等六个维度被划分到不同的象限。运用同理心地图，按照一定的流程来整理和分类时，就能对目标客户逐步"同理"，并提取出客户的潜在需求，锁定痛点。

创建同理心地图的方法如下。

1）明确目标客户

需要明确这个"大脑袋"是谁的，如果有多个客户需要分析，那么每个客户都需要有自己的同理心地图。

2）提取外部信息

从客户的视角开始，首先对外部信息进行分析，会让活动更有成效。所以，先捕捉访谈内容中涉及到客户所看到的、说的、做的和听到的这些相对而言受到外部影响而形成的信息，写在便利贴上，并粘贴到同理心地图的相

---

① BROWN JENNIFER LEIGH. Empathy mapping: A guide to getting inside a user's head. UX BOOTH. (2018-06-27)[2022-11-14]. https://www.uxbooth.com/articles/empathy-mapping-a-guide-to-getting-inside-a-users-head/.

应区块中。

3）探索"内部"世界

在完成外部信息的提取和分类之后，将思考的焦点向客户的内心世界移动，去探索客户内心的想法和感觉，是与客户"同理"的重要实践。"想法和感觉"类信息，通常指的是客户关心的是什么。我们可以考虑客户的积极和消极的想法，比如是什么让他感觉好还是坏？他担心什么？是什么让他夜不能寐？当他考虑做某事或尝试做某事时，他感觉如何？害怕吗？兴奋吗？焦虑吗？

注意，我们的目标不是正确地分类信息，而是充分地与客户"同理"，所以无须纠结于某条信息到底应该归到哪一类，按自己的理解进行同理归类即可。因此，这两个步骤我们建议由每位成员各自独立地完成。

4）梳理关系，确定痛苦及获得

通过对以上步骤的分析，进一步探究客户的痛苦和获得；抓住阻碍他前进的挫折和挑战（痛苦），以及他渴望实现或拥有的（获得），形成同理"痛苦/获得"需求库。

同理后的痛苦/获得源自客户最真实的需求，指向最有针对性的机会，针对这样所形成的机会去努力，成功的概率会高很多。

（三）客户访谈

1. 技术接纳生命周期曲线[①]

不同顾客群接纳新技术需要的时间不同，根据接纳速度的快慢，Steven Gary Blank 博士在技术接纳生命周期曲线中将顾客分成五个类型（图 4-2）：技术爱好者、产品尝鲜者、实用主义者、保守主义者、怀疑主义者。五个类型的人数占整体人数比例分别为 2.5%、13.5%、34%、34% 与 16%。

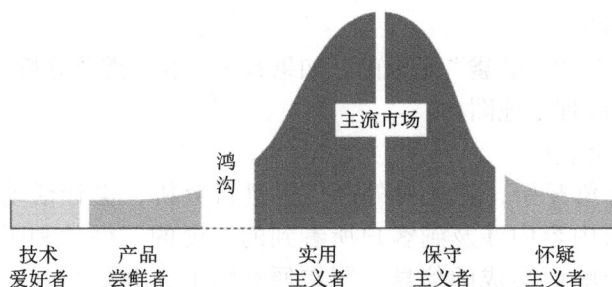

图 4-2　技术接纳生命周期曲线

---

① Steven Gray Blank. 四步创业法. 七印部落，译. 武汉：华中科技大学出版社，2012：31-32.

技术爱好者：亦称技术狂热者，他们对新事物非常狂热，是创新的主力。

产品尝鲜者：他们是一群稀有的远见者，非常有洞见地将新兴技术与战略机会结合，为"梦想"所驱。他们的核心梦想是一个商业目标，而不是一个技术目标，他们想在自己的行业或者自己的客户里创造一个商业模式质的飞跃。

实用主义者：亦称早期大众，他们关心所购买的公司本身、产品的质量、支持产品和系统接口的基础设施以及他们将要获得的服务的可靠性，在购买产品或服务前会细心观察身边的人对新产品的使用感受、口碑。

保守主义者：亦称后期大众，待产品稳定后才会做出选择，通常会从一些大公司里进行购买。

怀疑主义者：亦称追随者，已经对现有的产品、服务形成了依赖性，对新技术没有什么兴趣，需要很大的力量才能迫使他们转变对产品的选择。

在访谈过程中应该尽可能地去访谈"技术爱好者"，这样收获的信息更有价值。

2. TPV 工具表

在确定了访谈对象之后，TPV 工具表可以帮助我们提出好的问题。

1）任务（task，T）

客户正在尽力完成某项工作或者任务，任何一个项目主题都会对应一项任务的达成，这代表着对客户解决某个问题有帮助。这个任务可能是功能层面的，也可能是社交层面的。例如，手机中的照相功能，通过实现人和物的互动，达成了功能层面的任务，而在朋友圈分享照片，进一步达成了社交层面的任务。

2）痛点（pain，P）

在客户完成任务的过程中，某些需要去除的痛点或者尚未满足的某个需求，妨碍了进程。这可能是从未察觉的全新的产品或服务，也可能是一部分性能的修改，包括各种定制需求：品牌、价格、服务、风险控制、便捷性等。例如，当我们用手机自拍的时候，黑斑和皱纹是大多数人不愿意看到的，这是他们用手机拍照时的痛点，因此哪款产品拍出来的效果更好，哪款产品就会更受欢迎。

3）价值（value，V）

价值是客户期望获得的收益，有些价值是客户所需要、期望或渴望的；有些超越客户的期望价值，是客户意料之外的收益。例如，冰箱的价值属性是食物保鲜，但是如果冰箱可以自动根据冰箱里面的食物和主人的健康状况来推荐菜谱，还可以在做菜的时候播放音乐让做饭变得不再枯燥的话，那它的价值就不再只是食物保鲜了。

二、课堂拓展

拓展一

艾永亮超级产品：企业如何利用同理心做出好产品？[①]

艾永亮超级产品的文章下有位读者留言了一则小故事，他是一名网购客户，在购买产品时，因为店家调不到货，而被要求退款。按照规则，如果店家没有在承诺的 48 小时内发货，那么客户就可以申请 10%的违约赔偿，而店家私聊客户，说是转给他 10 元。但是客户走流程的话，店家就得赔他 90 元。

如果你是客户会怎么选择？

如果那是一位有同理心的客户，会非常理解店家，毕竟有瑕疵的商品不发给客户，是对客户负责，而调不到货，是因为能力有限，积极主动联系客户，是为他们的结果负责，愿意进行赔付，是他们的诚意。如果你站在店家的角度，那么就会理解他们的做法，但换成自己的角度，又显得有些勉强。

拓展二

为什么说 1 亿用户的 Keep 是家"快"公司[②]

Keep 的 CEO 王宁发现 Keep 定位的用户绝大部分是不去健身房的小白用户，而不是在健身房每天疯狂运动有很多肌肉的人。这些用户的根本需求很简单：穿衣显瘦，脱衣有肉。然而传统健身最大的痛点在四个方面：时间、地点、金钱、人物。

Keep 通过提供一款移动互联网 App，使用户在任何时间、任何地点都能运动起来。这让使用 Keep 的用户摆脱了高昂的私教费用，同时具有社交属性，原来在健身房几十个人一起练，通过互联网载体，同时和几万人一起运动。

三、随堂检测

（一）单选题

1. IDEO 公司是一群（　　）的毕业生创建的。

A. 斯坦福大学　　　　　　　　　　B. 哈佛大学

C. 剑桥大学　　　　　　　　　　　D. 波茨坦大学

---

① 艾永亮超级产品. 艾永亮超级产品：企业如何利用同理心做出好产品？(2021-02-09)[2022-11-14]. https://zhuanlan.zhihu.com/p/350218410.（内容有修改）

② 黄成甲. 为什么说 1 亿用户的 Keep 是家"快"公司. (2017-08-20)[2022-11-14]. https://www.jianshu.com/p/09c680278640.（内容有修改）

2. 设计思考的五个步骤依次是（　　）。

A. 同理心观察，发掘洞见，创意发想，原型设计，原型测试

B. 同理心观察，同情心，创新，原型设计，原型测试

C. 同理心观察，发掘洞见，原型设计，创意发想，原型测试

D. 同情心观察，发掘洞见，创意发想，原型测试，原型设计

3. （　　）是以人为中心的创新方法——设计思考的起点，也是贯穿始终的核心理念。

A. 原型设计　　　　　　　　B. 同理心观察

C. 客户使用感　　　　　　　D. 商业模式画布

4. 技术接纳生命周期曲线按不同顾客群接纳新技术需要的时间不同把顾客进行分类，其中对某个技术领域非常熟悉和了解的人被称为（　　）。

A. 技术爱好者　　　　　　　B. 产品尝鲜者

C. 忠诚使用者　　　　　　　D. 实用主义者

（二）多选题

5. 技术接纳生命周期曲线按不同顾客群接纳新技术需要的时间不同把顾客划分为（　　）。

A. 技术爱好者　　　　　　　B. 产品尝鲜者

C. 实用主义者　　　　　　　D. 保守主义者

E. 怀疑主义者

6. 设计思考是（　　）的设计流程，其目的是找到一种可以解决问题的（　　）。

A. 以客户为先　　　　　　　B. 以需求为核心

C. 方法　　　　　　　　　　D. 最佳方案

7. 设计思考包含的步骤有（　　）。

A. 同理心观察　　　　　　　B. 发掘洞见

C. 原型设计　　　　　　　　D. 原型测试

（三）判断题

8. 设计思考是一套从同理心的角度进行深入观察并整合跨领域分析工具，获得客户的洞见而设计出令客户感动和愉悦的产品/服务的方法。（　　）

9. 怀疑主义者，亦称后期大众，占比 34%，待产品稳定后才会做出选择，通常会从一些大公司里进行购买。（　　）

10. 同情心就是同理心。（　　）

第四节 课堂互动

一、小组讨论：设计创新主题

讨论 5：创新主题设计

设计主题	
项目创新价值	
项目成功的定义	
测量方式	
目标	

优质设计展示

设计主题：一种可以更换的智能手机外接电池
项目创新价值：充电方便，使智能手机续航时间更长
项目成功的定义： 1. 电池充电速度快； 2. 一块电池充满后续航时间比原电池更长

续表

测量方式：
1. 外接电池重量；
2. 外接电池形状；
3. 每块电池充满电后的续航时间；
4. 专利数量

目标：
1. 电池重量不超过 100 克；
2. 电池大小不超过手机本身的 1/5；
3. 每块电池充满电之后，续航时间超过 10 个小时；
4. 至少 1 项国家专利

二、课堂活动：启动客户访谈

活动 4：客户信息收集准备

小组采访分工
确定采访对象与形式（例如电话采访、视频采访）
采访提纲

优质访谈展示

小组一：成都理工大学创新创业教育翻转课堂第 6 期 02 班学员

被采访者：成都大学学生陶某

年龄：21 岁

问：对于 VR 游戏你的了解有多少，有没有玩过相关 VR 游戏呢？

答：VR 的话我是有了解过的，就是戴上科技眼镜，然后拿着手柄以第一人称视角去玩游戏或看电影，以前去玩过相关游戏。

问：对于 VR 游戏的操作方式，你更喜欢用手柄去操作还是戴上手套去操作呢？

答：我玩这方面的游戏都是用手柄玩的，手套玩的好像还没见过，如果直接用手套玩的话应该会更加有趣，更能沉浸在游戏或者电影当中。

小组二：成都理工大学创新创业教育翻转课堂第 3 期 03 班学员

被采访者：女大学生（重度使用者）

问：你好！我们在做一个创新创业的课题，可以简单问你几个问题吗？想了解一下你对于现阶段水杯使用的感受。

答：可以。

问：你平时喜欢随身携带一个水杯吗？

答：大部分时间会吧。

问：一般会用水杯来盛装热水、温水还是凉水呢？

答：多数情况下是热水。

问：那还是比较希望能有保温的一个功能吧？

答：没错，因为比较希望能够喝温水，要不然我就买矿泉水了。

问：有没有这种时候，想要喝凉水但是保温杯里只能喝到热水呢？

答：有这种情况，但是没办法，保温杯要么装热水，要么装凉水，它不可能有两种温度。

问：那有没有考虑过自动加热的水杯呢，就是在需要喝水的时候按一下它就可以自己加上热水，平时就是凉水的水杯。

答：有考虑过，但是现在这种功能的产品感觉比较笨重，不是很好携带。

问：好的，明白了，谢谢。那请问对于水杯，你还有什么需求吗？你理想中水杯有哪些功能呢？

答：我觉得可以把水杯变得更有意思，更可爱一点。现在的水杯大部分颜色比较单调，都是简洁风，我希望可以 DIY 定制，或者说自己动手做的，抑或比较卡通、比较可爱的水杯。

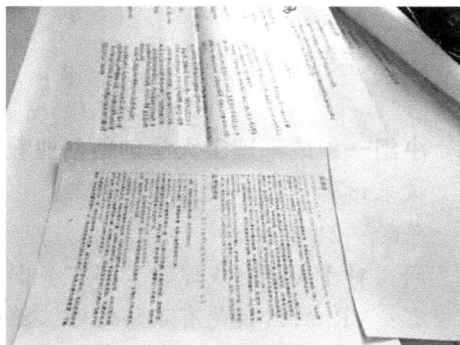

课堂小组撰写的逐字稿

三、课堂作业：绘制同理心地图

作业 3：同理心地图

例如：

同理心地图(用户情景地图、移情园)
一个有用户真实感受的情景地图——送货到家服务同理心地图

· 耐心等待：烦躁
· 下单两个小时了还不发货
· 再也不去超市、菜市场了
· 周末不用出门：虽然方便但是慢

想法和感觉

听到什么

· 支付成功的声音
· 老妈怂恿你出去
· 厨房催你快点
· 孩子在挑食
· 肚子咕咕叫

看到什么

· 热卖商品；物流信息
· 配送小哥信息
· 附近的商铺
· 优惠信息
· 该商品评分
· 其他消费者的评论
· App里的参考图

所说所做

· 询问客服用券规则
· 询问商家质量
· 接外卖员电话
· 答应给配送员好评
· 下次还会光顾

痛苦的是什么：下单了很久不发货
价格没有超市实惠
想要选择物美价廉
配送要很久

想得到什么：看得见的便捷
大力的优惠
快速的配送过程

同理心地图实例

四、复盘总结

课堂心得

第五节 课后任务

一、教师任务

请教师下课前在慕课堂上发布公告，并点击下课；下课后在慕课综合评论区发布以下帖子。

请同学们完成第四章线上作业"设计思考之主题设计！"，线上发帖与回复。

说明：每位同学在慕课综合评论区描述一项不同的由设计思考产生的优秀产品，100 字左右。

二、学生任务

请学生完成以下作业。

（一）线上回帖

完成第四章线上作业"设计思考之主题设计！"，线上发帖与回复。

（二）线下预习

完成慕课"创新基础与创业实践方法"第五章"发掘洞见、创意发想"线上课程学习。

优质帖展示

示例一

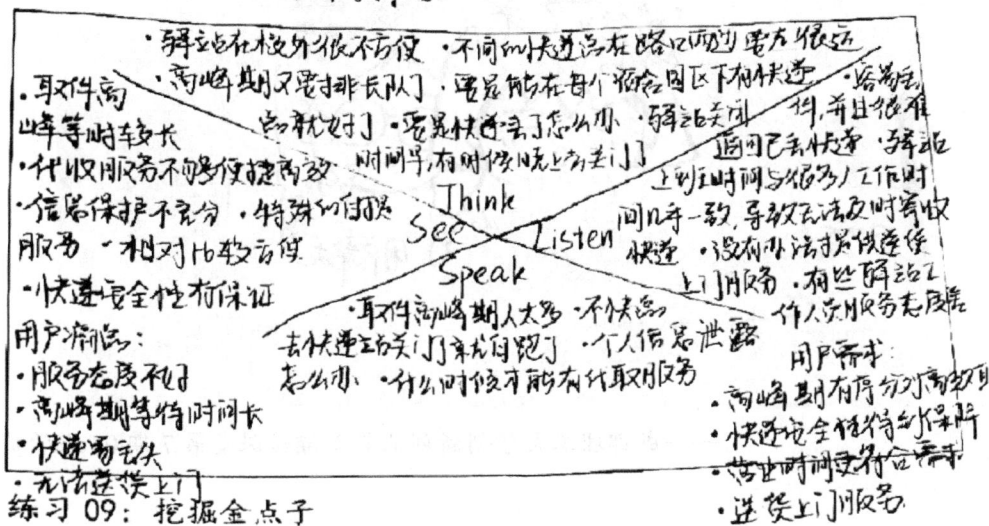

示例二

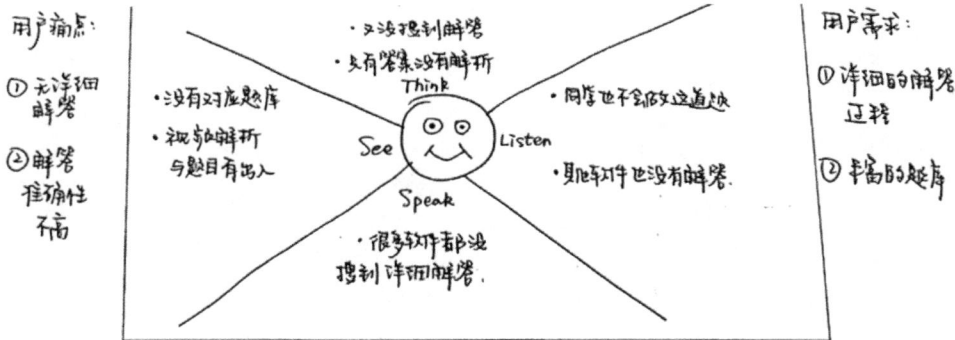

示例三

——成都理工大学创新创业教育翻转课堂第 7 期 04 班学员

第五章 设计思考之发掘洞见与创意发想

第一节 学 习 导 航

一、思维导图

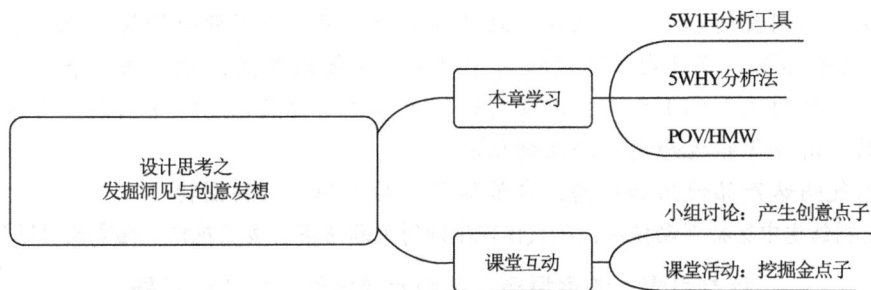

二、学习与提升

1. 认知层：了解设计思考流程中的第二步和第三步，认识到工具在帮助人们思考中的重要作用。

2. 能力层：使用工具挖掘问题背后隐藏得更深的问题，产生大量的"普通点子"，从而产生有创新价值的"金点子"。

3. 实践层：团队合理使用 5W1H 分析工具、5WHY 分析法、POV/HMW（"How might we…?"）等各类工具，基于同理心收集客户信息，挖掘出他们的真实需求和痛点、问题的本质，并且找到解决问题的创意方法。

三、案例导入

康师傅茉莉清茶携手《明日之子 3》，让清香弥漫一夏[①]

康师傅茉莉不断深耕年轻消费者市场，致力于向学生和年轻白领传递"清香

---

① 执牛耳. 康师傅茉莉清茶携手《明日之子 3》，让清香弥漫一夏|Capmaign. (2019-08-26)[2022-11-14]. https://ishare.ifeng.com/c/s/7pTZdAaoJgh. （内容有修改）

优雅近距离"的品牌信息。在信息爆炸的时代，众多品牌都在抢夺年轻人的注意力，想要脱颖而出实属不易。

网综是触达年轻人的重要渠道之一，而平均每年有800~1000部综艺，该如何选择一部既符合品牌调性又能引爆年轻人热爱的话题综艺呢？

基于个人选秀网综 IP、调性契合监测和受众调研三方面的权衡后，传立帮助客户制定了新的营销方向。选对 IP 只是第一步，如何让 IP 发挥最大价值更是每个品牌需要思考的问题。

康师傅茉莉采用全域植入+社交引爆的方式与年轻人持续沟通"清香优雅近距离"的产品特性。力争让目标消费者在欢聚饮茶的场景中，自然地将康师傅茉莉列为不二之选。

全域植入：多场景持续沟通"清香优雅近距离"

从海选到直播总决赛，从片头到片尾鸣谢，康师傅茉莉全场景、全周期植入《明日之子 3》。节目内容深度植入并配合产品播出镜头，挖掘每一个星推官与明妹（节目的选手们）之间，以及明妹与明妹之间的零距离时刻，强化沟通康师傅茉莉"清香优雅近距离"的品牌信息。

人气明妹产品使用加口播，自带话题帮助康师傅茉莉圈粉。

定制创意中穿插互动植入，花式体现康师傅清茶的多点花样，拓宽饮用场景。

社交引爆：流量爆棚，茉莉女孩集结，玩出新花样

康师傅茉莉除了最大化节目内的 IP 权益，还利用节目 IP 热度扩大其在社交平台的声量，助力品牌成功出圈。自节目上线以来，康师傅茉莉官方微博积极与明妹和粉丝互动，通过答题互动等方式，为粉丝放送节目录制门票、明妹签名照、整箱茉莉柚茶等专属福利，提升品牌好感度。

活动上线以来，数据表现非常亮眼，截至发稿时，综艺总播放量达 25 亿次，而康师傅茉莉的深度绑定也实现了不俗的传播效果，单集创意中曝光量达 2 亿次，"清香优雅近距离"微博话题阅读量666 万次，更有粉丝主动晒单，成为知名品牌。

经过此次营销战役，康师傅茉莉将再次巩固其在花茶品类的领导地位，加强渗透学生与年轻白领人群的饮品消费，并成功拓宽饮用场景。

思考一： 结合案例，你认为康师傅茉莉有哪些吸引你的地方？

思考二： 从企业的角度出发，康师傅茉莉洞见了年轻人的哪些特点？如何基于这些特点从众多品牌中脱颖而出？

相信完成本节课的学习之后，你会对以上问题有更深刻的认识。

第二节 线 上 学 习

一、发掘洞见

本节主要探寻客户需求与客户洞见之间的区别,并通过书写设计观点来找出客户洞见,发掘项目的创新机会点。

扫描二维码在线学习"创新基础与创业实践方法"2.3 发掘洞见

二、创意发想

本节主要讲解创意发想时需要遵循的原则,创意发想的流程以及如何针对发想出的创意点子进行评估。本节将学习通过头脑风暴法结合 TRIZ 40 发明原则来进行创意发想。头脑风暴法,又称"智力激励法",其优势在于可以避免由于多人争抢发言和倾向批判他人点子而易使点子遗漏的问题。TRIZ 40 发明原则可以帮助我们来获得跨领域的启发,获得过去没听过、没想过、没看过的问题原因及解决方法。

扫描二维码在线学习"创新基础与创业实践方法"2.4 创意发想

三、案例解读

案例一

OPPO:拒绝乏味晦涩,带你秒懂强大科技①

在被称为"Vlog 元年"的 2019 年,"拍视频"已成为人们选购手机时的一大新诉求。9 月,OPPO 推出视频拍摄功能全面升级的新款 OPPO Reno 2,鼓励

---

① 中国广告. 案例创意五则. (2019-11-18)[2022-11-24]. https://zhuanlan.zhihu.com/p/92375602.(内容有修改)

富有创意的年轻人用手机创作。但随之而来的挑战是：如何将手机强大却乏味难懂的功能点，用最易懂而好玩的方式呈现给客户。在 OPPO Reno 2 上线之际，OPPO 携手 W+K 上海拍摄多部影片，构造了一个多彩而奇妙的 Reno 2 影像世界，通过各种意想不到的讲故事方式，让大家秒懂 Reno 2 的强大科技。

时长 30 秒的 TVC《神奇巴士》则旨在呈现 OPPO Reno 2 的"变焦四摄"功能。影片同样充满奇幻色彩：一个男生搭上一列沉闷的巴士，无意间打开 OPPO Reno 2 的相机，通过"变焦四摄"功能，把远处的各种奇妙瞬间，立刻拉近到了身边，原本无聊的旅途也变得妙趣横生，充满惊喜和创造力。

谈及手机科技创新，人们总会联想到冰冷的参数、晦涩难懂的光学知识，但这一次，OPPO 携手 W+K 上海打破沉闷，从更人性化、更有温度且富娱乐性的角度出发，用四个不可思议的奇妙故事，再一次拉近了品牌与消费者之间的距离。

案例解析：OPPO 洞察到人们对于科技创新的看法，于是创新性地通过人性化、有温度且富娱乐性的故事改变消费者的传统看法，让消费者耳目一新，秒懂 Reno 2 的强大科技。

案例二

佰草集：内在？外在？美不止一面[①]

为了发掘关于"美"的很多面，趁着教师节，李奥·贝纳把这个问题交给一群乡村女教师和她们的学生们。

2019 年，李奥·贝纳为佰草集品牌进行策略梳理时，"集时光之美"这一全新的品牌理念，是双方都很喜欢的得意之作。佰草集也希望能够借助"集时光之美"，展现由内到外尽是美好的中国女性。正如创意的初衷——美不止一面，美有很多表现，不止于年龄，也不止于内在。当被问起是否美丽的话题，关注点也许应该不止于"内在"，天真的孩子们都说了——老师本身就很美。

佰草集与中国青少年发展基金会合作发起的"关爱乡村女教师"公益活动，通过捐赠物资和组织培训，旨在帮助乡村女教师树立自信、提升专业技能、内外兼修地成为"美"的代名词。创意团队前往山西拍摄这支教师节作品，用真人真容的真实表达，捕捉乡村女教师和学生们之间的情感，相信学生们在没有一丝疑虑地回答老师美的瞬间所蕴含的超越语言的强大力量，刻画出师生之间的爱与关怀。

"我们一直相信创意的力量可以改变世界，很幸运拥有像佰草集这样支持公益事业的客户，让我们的创意力能够点滴渗透，为更美的人和世界做出自己的点

滴努力。"李奥·贝纳上海董事合伙人兼执行创意总监郝崎如是表示。

案例解析：不同于对于美的普通定义，佰草集注意到了"美"的很多面，并聚焦到了乡村女教师这个群体的"美"，创新性地与中国青少年发展基金会合作发起"关爱乡村女教师"公益活动，从而赢得了消费者的信任，树立了真实纯粹、乐于奉献、关爱女性的企业形象。

第三节 线 下 学 习

课前准备

请教师在中国大学慕课平台发布签到、练习题、讨论内容。

请学生上课前完成签到，下课前完成练习，下课后完成讨论。

一、课程知识

（一）5W1H 分析工具

5W1H 分析工具是对选定的项目、工序或操作，都要从原因（何因 why）、对象（何事 what）、地点（何地 where）、时间（何时 when）、人员（何人 who）、方法（何法 how）六个方面提出问题进行思考，这有利于发现未知的问题，帮助我们找到客户真正的需求，甚至是客户也不知道的问题。

1. 原因——为什么？

为什么采用这个技术参数？为什么不能有变动？为什么不能使用？为什么变成红色？为什么要做成这个形状？为什么采用机器代替人力？为什么非做不可？

2. 对象——什么事情？

公司生产什么产品？车间生产什么零配件？能不能生产别的？我到底应该生产什么？例如，如果这个产品不挣钱，换个利润高的好不好？

3. 地点——什么地点？

生产是在哪里进行的？为什么偏偏要在这个地方进行？换个地方行不行？到底应该在什么地方进行？这是选择工作场所应该考虑的。

4. 时间——什么时候？

例如，这个工序或者零部件是在什么时候加工的？为什么要在这个时候加工？能不能在其他时候加工？把后工序提到前面行不行？到底应该在什么时间加工？

5. 人员——责任人？

这个事情是谁在干？为什么要让他干？如果他既不负责任，脾气又很大，是不是可以换个人？有时候换一个人，整个生产就有起色了。

6. 方法——如何？

手段也就是工艺方法，例如，我们是怎样干的？为什么用这种方法来干？有没有别的方法可以干？到底应该怎么干？有时候方法一改，全局就会改变。

（二）5WHY 分析法

5WHY 分析法（图 5-1），就是对一个问题点连续以五个"为什么"来自问，以追究其根本原因。其关键是鼓励解决问题的人要努力避开主观或自负的假设和逻辑陷阱，从结果着手，沿着因果关系链条，顺藤摸瓜，直至找出原有问题的根本原因。

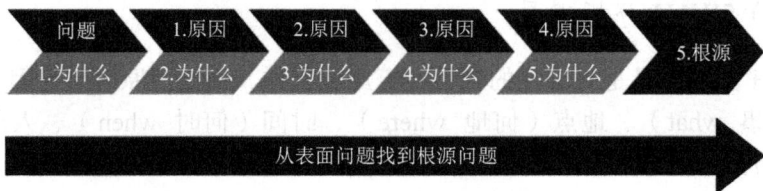

图 5-1　5WHY 分析法

（三）POV/HMW

确定机会点后，可以将这些痛点、机会点用设计观点填空的方式呈现出来，设计观点可以帮助设计师形成设计观点的思考框架，目的是可以充分描述一个需求和痛点，并让机会点具备可执行性。

一个好的设计观点包括：①一个清楚定义的访谈对象；②以动词表示的需求；③该需求产生或现阶段无法满足的原因。

（1）需要注意的是，即使是同一位访谈对象，对应不同的需求，特征应该也不一样。比如"一位上海的小资网购女达人 Marry"和"一名新婚的小资女士 Marry"，其实是同一位访谈对象，但是针对网购需求和针对新婚后与家人关系需求的不同，需要有区别地定义出访谈对象的特征。

（2）以动词表示的需求。这些需求从同理心地图的"需求库"中来，那些"痛苦/获得"类需求用动词表示出来即可。

（3）非常重要的是需要思考这些需求产生或者目前还没有被满足的原因是什么。原因可能只有一个，也可能有好几个，而这些原因就是我们要找的洞见。

写出设计观点痛点，发现价值后，只需在前面加上 HMW，就能找到创新机会点。另外强调以下三点：①how 表示需要"找到"结果，而不是"给出"结果；②might 表示可能性之一；③we 表示是大家讨论的结果，不是自己想出来的。

二、课堂拓展

拓展一

三星堆博物馆推出的"青铜面具"雪糕①

线上线下相结合的创意营销。博物馆借助互联网提高文创产业和本馆的传播度和关注度，以相对轻松的方式讲好文创故事，并通过线下展览和演出与线上演播和推广相结合的方式，开展文创产业的创意营销。中国丝绸博物馆从 2019 年开始，举办的"国丝汉服节"都规定了明确的主题，从"明之华章"，到"宋之雅韵"，再到"唐之雍容"。中国丝绸博物馆围绕每年的主题，在线下开展专业导览、专家讲座、文物鉴赏、汉服之夜等一系列活动。同时，中国丝绸博物馆利用微博、B 站、抖音等平台，吸引汉服文化爱好者深入参与，激发年轻人对汉服文化的热情。中国丝绸博物馆利用这一活动，在宣传传统文化的同时，也推动相关文创产品的营销推广，比如汉服走秀活动，创造了许多"汉服爆款"，中国丝绸博物馆也适时推出了本馆的联名汉服。

此外，除了博物馆自身发力，网络的力量也不可或缺。今年，三星堆出土新文物的消息引起了众多人的关注。三星堆博物馆把握这一热点，趁着这股"东风"，推出了"青铜面具"雪糕。

拓展二

网易洞见助力大众点评"亲子奇妙日"，AR 营销再添案例②

2018 年 6 月 25 日至 7 月 9 日，通过大众点评 App，客户能够观看到大头儿子和小头爸爸一起吹泡泡的 AR 动画，"戳破"不同的泡泡，会出现相应的亲子

---

① 文旅中国. 博物馆文创产业发展呈现的新趋势. (2021-05-27)[2022-11-14]. https://www.163.com/dy/article/GB0RI2PR05505AV6.html.（内容有修改）

② 美通社. 网易洞见助力大众点评"亲子奇妙日"，AR 营销再添案例. (2018-06-27)[2022-11-14]. https://www.kepuchina.cn/zhuaqu/mts/201806/t20180627_644139.shtml.（内容有修改）

活动和商家信息，并有机会拿到优惠券和奖品。

"亲子奇妙日"是由大众点评自 2017 年开始推出的一站式大型亲子线下活动。在今年的第二届活动中，大众点评选择了与网易洞见 AR 团队进行合作，通过 AR 这种时兴的技术营销手段，实现线上线下营销闭环，与"亲子奇妙日"的活动属性天然契合。除了线上的 AR 体验，在本次"亲子奇妙日"活动现场，小朋友还可以和 AR 版大头儿子亲密互动，把电影场景通过 AR 技术搬上了现实空间。

大众点评之所以选择《大头儿子和小头爸爸》，是因为该动画片曾是无数"80 后""90 后"的童年回忆，亦是经典亲子类 IP。趁着《新大头儿子和小头爸爸 3：俄罗斯奇遇记》电影 7 月初上映的契机，合作方们将联合各自的流量、技术、IP 等优势，吸引年轻家长和儿童群体的关注和参与。

谈及 AR 如何赋能本次线上活动运营，网易洞见方面表示，以"吹泡泡"的形式作为创意载体，客户在互动时，被带入一个被泡泡围绕的神奇空间，商家导览则巧妙地融入其中，这提高了客户的参与度和情感联系，并有效引导转化。AR 天然的场景化属性，能将品牌和场景无缝连接，形成广告投放、线上互动、线下导流、完成转化的全新运营生态圈。

此前，网易洞见在互联网运营方面已有多次成功应用。在网易考拉三周年活动中，客户通过 AR 抓娃娃游戏获得优惠券，参与度被有效提高，并引发二次传播，分享转发率较其他活动提高了 25%；在摩拜"AR 猫单车"案例中，以单车车筐作为 AR 内容入口，使投放地区有效订单数环比增长 300%，App 唤醒人数较活动前日增长 21%。

三、随堂检测

（一）单选题

1. 5W1H 分析工具的第一个 W 是（   ）。

A. why   B. where
C. what   D. when

2. 产品的应用场景在哪些地方？哪些地区的客户量比较多？用的是 5W1H 分析工具里面的（   ）。

A. what   B. where
C. when   D. who

3. 流程中"How might we…"指的是（   ）。

A. 个人的想法   B. 客户的想法
C. 大家讨论出来的想法   D. 专家的想法

4. 一个好的设计观点不包括（　　）。

A. 一个清楚定义的访谈对象　　　　B. 以动词表示的需求

C. 该需求产生或现阶段无法满足的原因　D. 解决方案

（二）多选题

5. 可以用来分析客户的工具包括（　　）。

A. 同理心地图　　　　　　　　　　B. TPV 工具表

C. 5WHY 分析法　　　　　　　　　D. 故事板

6. 5W1H 分析工具的内容包括（　　）。

A. where　　　　　　　　　　　　B. which

C. when　　　　　　　　　　　　 D. how much

（三）判断题

7. 一个好的设计观点包括：一个清楚定义的访谈对象，以动词表示的需求以及该需求产生或现阶段无法满足的原因，而这个原因就是我们要找的洞见。（　　）

8. 客户不会出现"说"和"做"不协调的情况。（　　）

9. 5W1H 分析工具的提出者是爱迪生。（　　）

10. 以下说法属于机会点转化为设计观点：青年群体由于工作忙，没有时间在健身房通过专业教练指导健身。（　　）

第四节　课堂互动

一、小组讨论：产生创意点子

讨论 6：头脑风暴[①]

第一步，请各位同学结合上次同理心地图"需求库"中的需求提出设计观点，并确定你们的 HMW。并按照头脑风暴的流程，进行创意发想。

第二步，由组长明确问题以及进行规则介绍。小组需要首先挑选出一个 HMW，针对 HMW 的内容进行关键词替换，然后混合、匹配并且替换新词，获得新的主题描述，利用这些描述让小组成员明确并充分理解讨论的主题，或者重新定义主题（表 5-1）。以"我们如何提高公司销售"为例进行关键词替换。

---

① 鲁百年. 创新设计思维：设计思维方法论以及实践手册. 北京：清华大学出版社，2015：88-91.

表 5-1 关键词替换举例

我们	如何	提高	公司	销售
1.全体人员	1.怎么样	1.增加	1.价值	1.购买
2.技术部门	2.有没有可能	2.提升	2.产品	2.交易
3.售后部门	3.用什么办法	3.拓展	3.顾客	3.采购
4.领导	……	4.重复	……	4.交换
……		5.吸引		……
		……		

第三步，确定好主题之后进行第一轮创意发想，在第一个五分钟内，每人在便利贴上写下创意点子，一张便利贴一个创意点子，写好后贴在 A4 纸上。至少三个创意点子。时间到后，将 A4 纸向右传递给同伴。

第四步，进行第二轮创意发想，在第二个五分钟内，每人在拿到的同伴传来的 A4 纸之上继续添加创意点子，可以完善和丰富他人的创意点子，也可以自己写全新的创意点子。至少三个创意点子，时间到后，将 A4 纸向右传递给同伴。

重复以上步骤，进行六轮。然后汇总所有创意点子，清点数目。

运用这种方法，我们会快速地产生非常多的创意点子，如何在这些创意点子中，找到狂野、天马行空的点子，探索其可行性，我们可以通过以下方案来实现。

第一步，在大家已经提出来的想法中，将看起来荒谬的、不现实的想法保留下来；将其余比较现实的、可逻辑推理得出的想法清除掉。对每个"傻"的建议进行探讨、修正，使得它们更加吸引人或者有创意、可实现，并且不失该想法的亮点。

第二步，以图 5-2 为例，在想法的旁边贴上两张大白纸，将原来想法中狂野

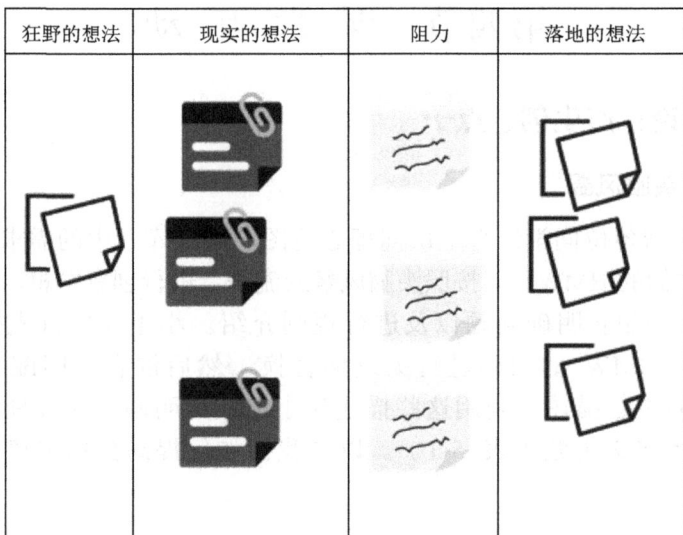

图 5-2 大白纸示例

的、不现实的、傻傻的想法揭下来，粘到最左边的那张大白纸上，后面只讨论这些"傻想法"的实现。

第三步，根据这些想法，进行讨论修正，将其修正成为更吸引人的想法，不要丢掉它们奇特的光芒，不要冲淡它们的趣味。

第四步，检查实现这些"傻想法"的阻力所在，围绕这些阻力，寻找更现实的解决方案。

第五步，可以通过游戏来实现选择：一个小组建议一些狂野的想法，而另一个小组修正它（利用无偏见的判断）。

二、课堂活动：挖掘金点子

活动 5：未来-客户旅程混合法[①]

未来-客户旅程混合图是"客户旅程地图"和"未来/现状/瓶颈/想法"的组合。

"客户旅程地图"通过逻辑推理来系统地解决问题，为讨论的主题找到解决方案。为了达到既解决客户的痛点，同时兼容公司美好愿景的目的，"未来/现状/瓶颈/想法"还鼓励狂野的点子，但是注意不要"跑题"，要始终聚焦在讨论的主题上进行头脑风暴。

第一步，按照图 5-3 的形式在墙上贴上七张大白纸，并画上对应的格式和每部分的内容。

第二步，按照图 5-3 圆圈中标注的数字步骤的顺序，从左向右完成"客户旅程地图"，站在客户的角度完成第六步，为公司提出解决客户问题和痛点的想法。

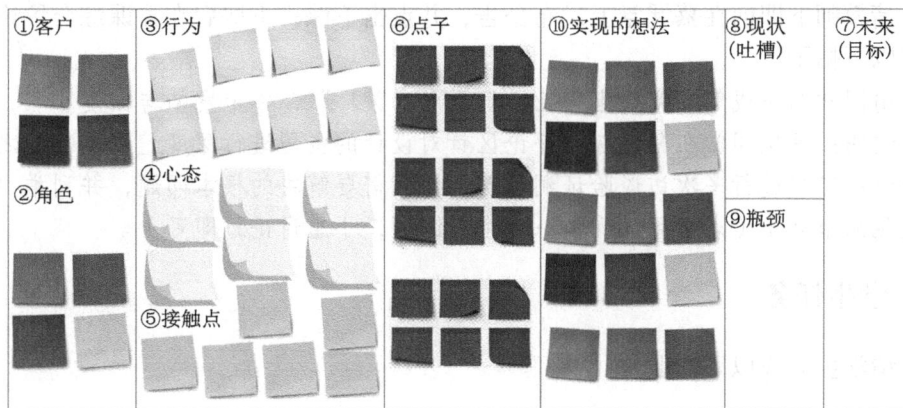

图 5-3　未来-客户旅程混合图

---

① 鲁百年. 创新设计思维：设计思维方法论以及实践手册. 北京：清华大学出版社，2015：169-170.

第三步，从右向左完成"未来/现状/瓶颈/想法"，站在公司的角度规划公司的美好未来，并在遇到约束条件或"瓶颈"时，思考解决瓶颈的办法。

第四步，完成第十步以后，就可以使用聚类方法，将站在客户角度的想法（第六步）和站在企业角度的想法（第十步）进行合并、优化、投票排序，获得优先级。

三、复盘总结

课堂心得

第五节 课后任务

一、教师任务

请教师下课前在慕课堂上发布公告，并点击下课；下课后在慕课综合评论区发布以下帖子。

请同学们完成第五章线上作业"洞见与对策！"，线上发帖与回复。

说明：每位同学在慕课综合评论区针对设计的主题进行深度挖掘（可对之前访谈过的客户进行多次访谈验证洞见），找到需要解决的根本问题，并列举 100 个洞见的金点子（点子可只列举一两个关键词，小组讨论过即可）。

二、学生任务

请学生完成以下作业。

（一）线上回帖

完成第五章线上作业"洞见与对策！"，线上发帖与回复。

（二）线下预习

完成慕课"创新基础与创业实践方法"第六章"人工智能时代的开源硬件创新实践、创新成果认定和撰写专利申请书"线上课程学习。

优质成果展示

示例一

现代办公和学习大多需要长时间面对电脑和手机，久坐和不良的坐姿习惯常导致颈椎病等疾病的发生。然而目前办公和娱乐显示器的支架大多都无法调整位置，或者需要手动调整，这使得长时间面对电脑的人群增加了患颈椎病等疾病的风险。因此我们研究和设计了一种基于图像识别的主动式显示器支架——IR-智能显示器支架，通过图像识别的手段获取客户位置，反向控制机械臂到达相应位置，并能做到实时调整，从而达到随着客户自动调节角度与位置，使客户不用自己动手便可享受一个舒适、健康的姿势。

——成都理工大学创新创业教育翻转课堂第 5 期 02 班学员

示例二

宠物语言翻译项圈：收集海量的宠物声音信息，结合众多专业饲养人员、宠物主人、宠物医生等人士的理解与分析，对其数据进行建模并录入数据库。当宠物佩戴翻译项圈时，它会实时监测宠物的声音数据和健康指标，即时翻译宠物的语言并监测宠物的身体状况，以文字或语音形式传递给手机的 App 端，从而实现宠物语言翻译，帮助宠物主人更好地了解宠物的需求和身体状况。

——成都理工大学创新创业教育翻转课堂第 6 期 03 班学员

示例三

随着智能手机的普及和人民生活水平的提高，人们对个人健康及健康知识的需求显著增加，方便、快捷、专业的健康监测系统成为热点。心电数据，由于其传统监测方式的繁重昂贵而较难获得，基于穿戴式心电监护仪的健康监测系统可以很好地解决这个问题。

——成都理工大学创新创业教育翻转课堂第 3 期 01 班学员

第六章　设计思考之原型设计与测试

第一节　学习导航

一、思维导图

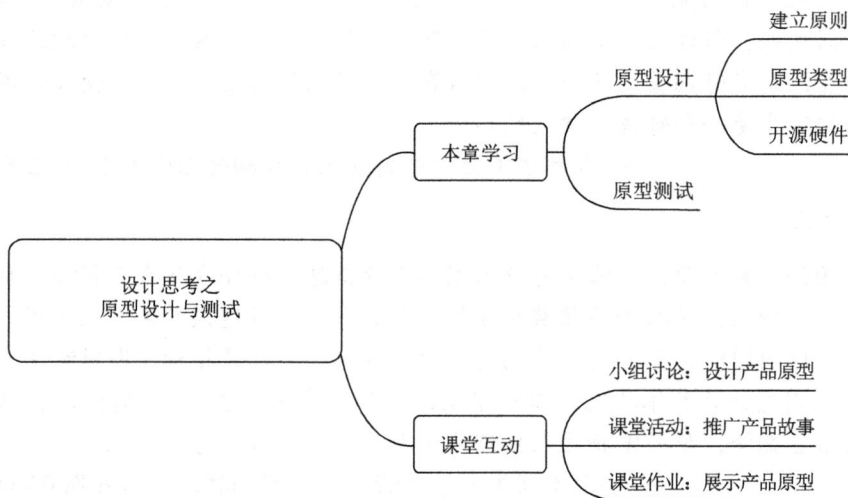

```
                                              建立原则
                              原型设计        原型类型
                      本章学习                开源硬件
                              原型测试
设计思考之
原型设计与测试
                              小组讨论：设计产品原型
                      课堂互动  课堂活动：推广产品故事
                              课堂作业：展示产品原型
```

二、学习与提升

1. 认知层：了解设计思考流程中的第四步和第五步，清楚解决问题的一般方法，掌握从产生解决思路到形成方案以及验证方案可行性的运行机制。

2. 能力层：能够合理使用"头脑风暴"产生解决问题的思路，使用触手可及的资源制作原型，能够采用简便方法验证原型是否有效。

3. 实践层：针对发掘到的真实问题，充分发挥团队中各成员的智慧，最终形成解决问题的思路，对成员合理分工，制作解决问题的原型方案，并在一定范围内验证该方案是否可行。

三、案例导入

万次修改设计灵感融成"雪容融"①

大红灯笼上长出雪花脸，一双"豆豆眼"看起来十分乖巧，随着北京 2022 年冬残奥会的临近，即将正式"上班"的吉祥物——雪容融的人气越发高涨。记者近日专访了冬残奥会吉祥物吉林艺术学院设计团队的成员冯犇湲、姜宇帆，揭秘雪容融的形象创作始末。

红火中国年是创意来源。

1998 年出生的姜宇帆是雪容融灯笼造型的原创意提出者。2018 年 9 月，北京冬奥组委来到吉林艺术学院宣讲，老师把有关征集活动的内容和要求带到了她所在的班级。带着学习的心态，她决定试一试。一开始，她以麋鹿为原型进行设计，由于类似的设计比较多，在老师的指导下，她转换了设计思路，想到了以一对中国结为原型的设计方案。

"我的家乡是黑龙江伊春市，每到春节时，大街小巷都会挂起红灯笼和中国结。"姜宇帆说，记忆中红红火火的中国年，是她创意的来源。指导老师冯犇湲看过设计方案后，建议她将其中一个中国结替换成其他形象。"我把一个中国结改为饺子形象，后来老师觉得饺子与中国结不太搭，于是又改为了红灯笼。"

距离交稿仅剩三天，姜宇帆提交了设计方案。令她意想不到的是，红灯笼与中国结的两个创意入围前三，被确定继续深化修改。北京冬奥组委的专家们也给出了意见："仅保留原创属性，重新设计形象。"接到任务后，吉林艺术学院马上成立了由 17 名老师和学生组成的修改工作小组。根据北京冬奥组委的建议，团队放弃了"中国结"的形象，主要修改"灯笼"的形象。

多学科协作调整吉祥物形象。

冯犇湲介绍，雪容融的创作凝结着设计团队的智慧与付出，项目组包含设计学院、新媒体学院、动漫学院、音乐学院等多个专业方向的老师。团队成员围绕灯笼的形象修改，如对结构比例、五官特征、文化元素诠释等方面做了大量的修改工作，设计稿总修改量达万余张。不到一年时间，团队往返北京近 30 次，经常修改稿件到深夜。

2019 年 8 月 21 日是让设计团队的成员终生难忘的一天，北京冬奥组委出于保密原则，通知设计团队到北京进行设计修改，当每个人怀着忐忑的心情带着电脑飞到北京时，惊讶地发现会议室里有很多媒体，原来北京冬奥组委已确定选用雪容融为冬残奥会吉祥物。不久后，北京 2022 年冬奥会、冬残奥会吉祥物 9 月

---

① 王广燕. 万次修改设计灵感融成"雪容融". (2022-02-28)[2022-11-14]. https://culture.gmw.cn/2022-02/28/content_ 35550532.htm.（内容有修改）

17 日在京正式公布。伴随大屏幕上的倒计时，当雪容融在大家的呐喊声中揭晓时，设计团队的成员都激动不已，热泪盈眶。

思考一：你最喜欢的产品是怎样被设计并发现的？

思考二：你知道有哪些建立产品原型的方法与工具？

相信完成本节课的学习之后，你会对以上问题有更深刻的认识。

第二节　线　上　学　习

一、人工智能时代的开源硬件创新实践

本节主要带领大家认识 Arduino，并学习如何用它进行创新。作为人工智能硬件，Arduino 的学习门槛较低，还可以通过互联网寻找到各种人工智能机器的开源代码。

扫描二维码在线学习"创新基础与创业实践方法"
2.5 人工智能时代的开源硬件创新实践

二、案例解读

案例一

机器搁脚凳①

机器搁脚凳是一种智能家居设备，它能穿过房间靠近坐着的人，为他的双脚提供支撑。在提供了几分钟服务之后，它会请求离开。人和搁脚凳互动中的主要行为是动态的，其中我们主要关注的是双方如何接触以及脱离接触。因此，团队设计了这种搁脚凳，并构建了一个自然交互场景，用于专门研究一台非拟人机器人如何发起接触，如何与人互动，以及如何脱离与人的接触。

尽管我们为这种自主系统设计了想要实现的一系列功能，但是开发时采用的技术路线仍然是快速构建便宜的原型，这能更便捷地考察产品可能的外形以及功

---

① 哈索·普拉特纳，克里斯托夫·迈内尔，拉里·莱费尔. 斯坦福设计思维课 1：认识设计思维. 姜浩，译. 北京：人民邮电出版社，2019：106-108.

能。因此，我们使用廉价的、从商店买到的搁脚凳制作了一个低分辨率的功能原型，给它安装了脚轮，并将一根两米长的木杆一头用胶带固定在它底部，采用手动方式拖拽它在地板上移动。之后我们基于早期原型，制作了一台自动化的、远程遥控的搁脚凳，并将搁脚凳安装在一台改过的 Willow Garage TurtleBot 机器人上面，这种机器人是在 iRobot Create 自动化平台的基础上开发的。我们把一个伺服装置安装到其内部框架的最上部，这样就能让搁脚凳升高或降低 2.5 厘米（在竖直方向），同时也强化了产品内部组装的结构，让它可以支撑一个人坐在上面的重量。最后，一位幕后的研究人员对机器人穿过房间的行进路线和速度进行遥控，同时还能控制它的纵向升降。

案例解析：从互动行为和临机互动过程对产品原型进行设计，使得产品适应不同的动作，完成产品与人的自然交互。

案例二

有感知能力的抽屉[①]

我们设计有感知能力的抽屉，是为了考察一台自动化的装置如何通过简单的动作服务于人重复性地开关抽屉来取物品的行为。其中，抽屉通过做动作可以帮助完成一些任务，以便在人们需要的时候，可以随时从自动抽屉里拿取存放的物品，而抽屉可以通过打开和关闭的动作，促进与支持人完成特定的任务。在这个案例中，我们主要使用了一种立方体装配游戏，其中需要六种不同的紧固件，抽屉中存放了搭建立方体所需的所有工具。

我们的原型是用宜家的 MICKE 4 抽屉柜制作的。为使抽屉能像我们需要的那样持续、重复做出动作，我们用电机和齿条齿轮系统改造了上面的三个抽屉。在柜子框架上安装了弹簧驱动的旋转定位器，这样我们就能获得每个抽屉的位置状态。在本研究中，我们将底部的那个抽屉用胶带封住，并在其中放置了驱动系统的部件和硬件。我们使用了一个 Arduino 微控制器控制该系统，它通过 USB 电缆与本地客户端程序进行通信。

本地客户端程序对抽屉的远程控制采用了《绿野仙踪》式的手法。一名研究人员在隔壁房间用键盘上的 15 个快捷键操作这些抽屉，每个快捷键对应一组预编程系列动作，让抽屉看起来似乎是在"自主活动"。该研究人员能通过单向的视频监控看到抽屉和实验参与者，由此他能观察到实验参与者的行为并作出相应的反应。

---

① 哈索·普拉特纳，克里斯托夫·迈内尔，拉里·莱费尔. 斯坦福设计思维课 1：认识设计思维. 姜浩，译. 北京：人民邮电出版社，2019：112-113.

案例解析：以宜家的 MICKE 4 抽屉柜为原型，利用绿野仙踪式的手法对抽屉进行远程控制，设计了一台使用简单动作就能重复开关抽屉行为的自动化装置。

第三节　线　下　学　习

课前准备

请教师在中国大学慕课平台发布签到、练习题、讨论内容。
请学生上课前完成签到，下课前完成练习，下课后完成讨论。

一、课程知识

（一）原型设计

1. 建立原则

原型设计的目的是让使用者体验，因此需要快速制作，不须细琢，不须精雕，不须美化，就地取材，在能满足体验需求的基础上越快越好。但是在设计过程中应该注意三点：①不要太快锁定一个点子；②不要在完善一个点子上耗费太多时间；③多尝试更好的点子。

2. 原型类型[①]

1）低保真原型

低保真原型包含草图原型、纸质原型、点击式原型三种类型。草图原型通常是自由形式的钢笔和铅笔绘图，用于绘制出初始想法；纸质原型通常涉及使用模板和纸板来创建各种网页或 App 屏幕的更实质性、更详细的模型，以便在可用性测试期间使用；点击式原型描述了网站页面或 App 屏幕上的元素，它们通过热点连接各种屏幕。

2）高保真原型

高保真原型包含交互式原型、数字原型、编码原型三种类型。交互式原型是点击式原型的更高级版本，您可以使用支持交互性的原型 App 创建，它们既可点击又响应迅速，这使用户能够与它们交互并查看响应的动画。数字原型看起来（但表现不佳）尽可能地接近最终产品。它们可以是动态的、动画的，并在页面

---

① QUINCY S. Prototyping user experience. UX matters. (2019-01-06)[2022-11-14]. https://www.uxmatters.com/mt/archives/2019/01/prototyping-user-experience.php.

之间提供平滑过渡。编码原型应该是创建的原型的最终类型，因此是获得用户反馈的最佳原型。

3. 开源硬件

开源硬件同开源软件一样是重要的创客学习工具，开源软件开放原始代码，开源硬件开放电子硬件，是一个篇章化、可拓展的硬件平台，现在较为流行的平台有 Arduino、Raspberry Pi 和 Microduino 等。任何人都可以通过正规的渠道免费获得开源硬件的设计资料，并且对原设计进行学习、修改、公布和应用。开源硬件以知识共享为初衷，并鼓励对已有的设计进行修改和优化，是开源文化的一部分。通过开源软件来理解开源硬件比较容易，比如大家非常熟悉的安卓系统。开源硬件开放的内容比开源软件的更丰富，包括源代码、电路图、元器件清单、电路板布局信息以及与使用相关的所有文档。开源硬件使得人们可以更容易、更便捷地开发自己的产品，开发者可以直接下载电路图和源代码，既可以直接使用，也可以 DIY 来实现自己所需要的功能。由此可见，开源硬件兼具开放共享和二次开发的特性，同时拥有较高的教育价值和商业价值。

Arduino 最初是由意大利设计师 Massimo Banzi 开发的一款便捷灵活、易于学习的开源电子原型平台，包含具有 I/O 功能的电路板（各种型号的 Arduino 板）和程序开发环境（Arduino IDE）。

Arduino 是众多低成本且易用的微控制器开发平台方案中的佼佼者。最初它被设计用于艺术和设计项目的开发，且专注于简化微控制器的编程繁杂度。尽管它的编程繁杂度非常低，但是这并未削减其原有平台的强大的处理能力。它给自己的定位是开源电子原型开发平台，其软硬件设计资料全面开放，构成一个可供客户搭建机器人及各种电子项目的开发环境。Arduino 非常适合开发交互式产品，比如通过各种传感器来感知环境，控制 LED 灯、蜂鸣器、电机和其他的装置获得反馈信息，影响周围环境。Arduino 具有标准化的外置接口，支持很多的控制器、传感器等设备，是一个很好的学习平台。而且网络资源丰富，有专门的社区平台供 Arduino 爱好者进行交流和学习。开发板上的微控制器通过 Arduino 的编程语言来编写程序，编译成二进制文件，烧录进微控制器。Arduino 的编程是利用 Arduino 编程语言和 Arduino 开发环境来实现的。

（二）原型测试

制作好原型之后，进入了第五个步骤，也就是测试环节。我们需要对方案进行评估，看是否能够达到预期效果。在评估的环节，除了发烧友和技术爱好者之外，我们也可以寻找一些大众对模型进行评估。

除了可以采用传统投票的方式来测试之外，这里为大家介绍一个评估工具。

受赫茨伯格的双因素理论的启发，东京理工大学教授狩野纪昭发明了 KANO 模型，这是一个针对客户满意的影响以及对客户需求分类和优先排序的工具。产品服务的质量特性分为六类：基本型需求（M）、期望型需求（O）、魅力型需求（A）、无差异型需求（I）、不需要（R）、有疑问（Q）。其中最重要的有三种：M、O、A。

1. 评估第一步：问卷调研

使用《质量特性评价表》（表6-1）进行问卷调研。

表 6-1 质量特性评价表

如果具备这个功能时，你觉得如何？				
1.喜欢	2.应该	3.无所谓	4.能忍受	5.不喜欢
如果没有具备这个功能时，你觉得如何？				
1.喜欢	2.应该	3.无所谓	4.能忍受	5.不喜欢

2. 评估第二步：对结果进行分类对照

使用《KANO评价结果分类对照表》（表6-2），每一张问卷都会取得一个英文代号（需求类型）。

表 6-2 KANO 评价结果分类对照表

产品/服务需求		负向问题（没有）				
	项目	喜欢	应该	无所谓	能忍受	不喜欢
正	喜欢	Q	A	A	A	O
向	应该	R	I	I	I	M
问	无所谓	R	I	I	I	M
题	能忍受	R	I	I	I	M
	不喜欢	R	R	R	R	Q

注：M为基本型需求、O为期望型需求、A为魅力型需求、I为无差异型需求、R为不需要、Q为有疑问。

3. 评估第三步：计算问卷需求百分比

按照需求百分比（表6-3）算出每个英文代号的百分比。

表 6-3 需求百分比　　　　　　　　　　（单位：%）

质量特性	A	O	M	I	R	Q	分析结果
某功能	30	10	10	40	10	0	I

根据以上数据，可以得出结果是 I，I 是"无差异型需求"，也就是做没做

都不影响使用者满意度。优先级为：M>O>A>I。

4. 评估第四步：进行敏感性分析

按照某功能满意、不满意的影响力数据，按照以下公式进行计算。SI 代表满意影响程度，DSI 代表不满意影响程度。

$$SI=（A+O）/（A+O+M+I）$$
$$DSI=（-1）×（O+M）/（A+O+M+I）$$

如某功能的敏感性分析结果如表 6-4 所示。

表 6-4　某功能的敏感性分析结果

质量特性	SI	DSI
某功能	0.44	-0.22

5. 评估第五步：模型图定位

将坐标定位在 KANO 模型图（图 6-1）中，如果属于灰色区域部分，那就是质量敏感性不大，可以暂时不考虑这个功能，离原点越远，优先程度越高。

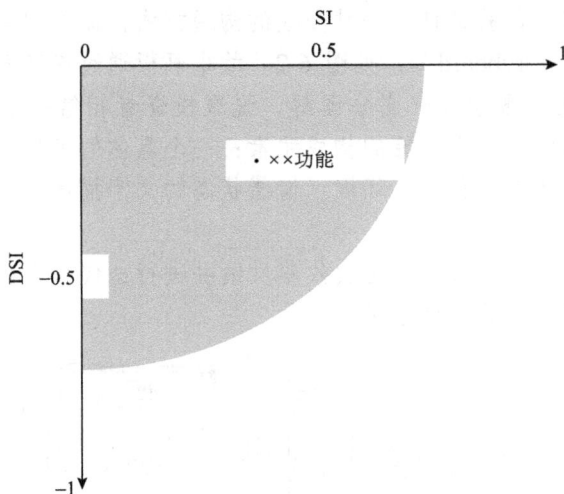

图 6-1　KANO 模型图

二、课堂拓展

拓展一

原型开发工具 Origami Studio

Facebook 推出 Origami Studio，是一款 Facebook 内部使用的、在 iOS 与

Android 设计风格基础之上采用 Facebook 设计语言的原型开发工具。这款工具提供了必要的设计要素、动画效果以及各种库，可以让产品设计师更快、更方便地进行原型开发。

![拓展二图标] 拓展二

原型设计和协作工具平台 Marvel

原型设计和协作工具平台 Marvel 帮助设计者将其文件创意转变为可以在任何设备上都能传阅共享的原型，同时收集反馈意见，改变设计者和代理商向客户及团队传递产品信息的方式。Marvel 最初只是一款帮助网页版和移动版 App 创建的原型设计应用程序，现已发展成为一体化的设计平台。

![拓展三图标] 拓展三

故事画板①

故事叙说是客户体验设计中一种高效的沟通方式，而其中一种故事叙说的方法就是故事画板（storyboard），见图 6-2。故事画板通过连环画的形式直观地将想法、未来可视化，帮助客户充分理解、说服投资者相信一个可能实现的"概念"。故事画板通常有三个主要的构成元素：一个具体的工作流情境；描绘工作流的视觉元素；关于客户行为、环境、情绪状态的文字描述，也就是通常所说的"逐字稿"。

反馈故事画板给相关人员，再次收集反馈并进行迭代故事画板。循环过程，直到可以看到故事情节的设计结果！

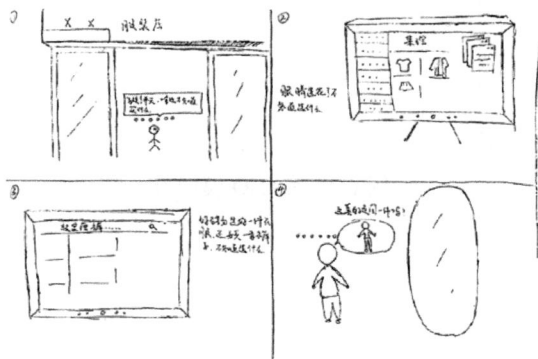

图 6-2　故事画板

---

① 鲁百年. 创新设计思维：设计思维方法论以及实践手册. 北京：清华大学出版社，2015：246-247.

拓展四

创新成果认定和撰写专利申请书

在现实生活中，创意容易被抄袭，这是初创企业经常会遇到的困扰之一，因此，需要使创新转化为向社会公开并得到法律认可的成果。扫描下方二维码，将带你认识到知识产权的类别，以及怎样撰写专利申请书。

扫描二维码在线学习"创新基础与创业实践方法"
2.6 创新成果认定和撰写专利申请书

三、随堂检测

（一）单选题

1. Arduino 的特点不包括（　　）。

A. 低成本　　　　　　　　　　B. 强大的处理能力

C. 编程繁杂度高　　　　　　　D. 专注于简化微控制器的编程繁杂度

2. 下列对于 Arduino 说法错误的是（　　）。

A. Arduino 非常适合开发交互式产品

B. 目前没有专门的社区平台供 Arduino 爱好者进行交流和学习

C. Arduino 具有标准化的外置接口，支持很多的控制器、传感器等设备，是一个很好的学习平台

D. Arduino 的编程是利用 Arduino 编程语言和 Arduino 开发环境来实现的。

3. 开源硬件的特性不包括（　　）。

A. 开放共享　　　　　　　　　B. 首次开发

C. 教育价值　　　　　　　　　D. 商业价值

4. 专利一共分为（　　）种。

A. 1　　　　　　　　　　　　B. 2

C. 3　　　　　　　　　　　　D. 4

（二）多选题

5. KANO 模型是一个（　　）的影响，以及对客户需求分类和（　　）的工具。

A. 针对客户满意   B. 针对客户需求
C. 优先排序   D. 最优排序

6. Arduino 主要的学习和创新优势包括（　　）。

A. 质优价廉   B. 拓展性强
C. 跨平台性   D. 操作简易

（三）判断题

7. 任何人都可以通过正规的渠道付费获得开源硬件的设计资料，并且对原设计进行学习、修改、公布和应用。（　　）

8. 开源硬件使得人们可以更容易、更便捷地开发自己的产品，开发者可以直接下载电路图和源代码，既可以直接使用，也可以 DIY 来实现自己所需要的功能。（　　）

9. Arduino 软件可直接在 Windows、iOS 和 Linux 系统上运行。（　　）

10. 专利一共有发明专利、实用新型专利、外观设计专利三种。（　　）

第四节　课堂互动

一、小组讨论：设计产品原型

讨论 7：产品原型

客户任务	痛点	客户使用产品的价值	客户使用产品的疑虑

二、课堂活动：推广产品故事

活动 6：四格漫画

请制作一组四格漫画（图 6-3），用于叙述客户在对应场景中的故事情节。

在第一幅画面中，通常交代场景、角色、角色和角色，以及角色和场景等之间的关系；在第二幅画面中，通常交代发生的事情；在第三幅画面中，通常交代角色对于发生事件的反应；在第四幅画面中，通常表现故事情节的结局。

图 6-3 四格漫画

活动流程:

1. 小组讨论,各个小组用四格漫画展示各小组所设计的产品的应用场景和怎样解决了客户的需求与烦恼,约 20 分钟。

2. 每个小组进行四格漫画展示讲解(图 6-4、图 6-5),每个小组展示的时间约 3 分钟。

活动教具: 每个小组一张大白纸,一沓便利贴。

活动时间: 30~40 分钟。

图 6-4 "智能加热杯"

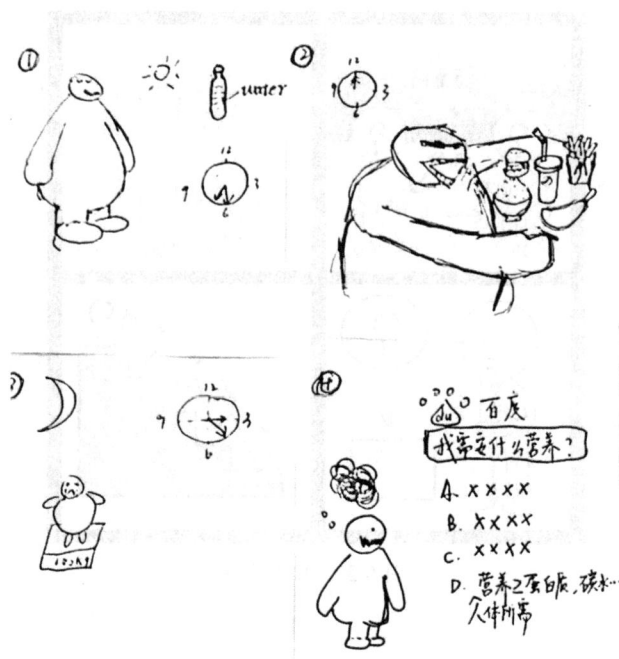

图 6-5　"饮食管家"

三、课堂作业：展示产品原型

作业 4：产品原型设计图

请各小组同学在课后约定时间制作产品原型设计图，于期中考核进行展示。

作业 5：产品原型展示

请各小组为其他小组和自己小组的原型依次打分（1～10 分），并提出建议。

组别	第 1 组	第 2 组	第 3 组	第 4 组	第 5 组	第 6 组
第 1 组						
第 2 组						
第 3 组						
第 4 组						
第 5 组						
第 6 组						

其他小组提出的改进建议。

改进建议

四、复盘总结

课堂心得

第五节　课后任务

一、教师任务

　　请教师下课前在慕课堂上发布公告，并点击下课；下课后在慕课综合评论区发布以下帖子。

帖子一

　　请同学们完成第六章线上作业"叮咚！创意原型产生！"，线上发帖与回复。

　　说明：每位同学在慕课综合评论区对原型进行描述，200 字左右，可以添加图片，广泛征求意见（老师、同学、朋友、家人等），取得反馈；并采用小组互评的形式征集各小组的评价（1～10 分）。

帖子二

　　请同学们准备"制作团队的创新方案"期中答辩。

请各小组根据团队制作的创新方案，按照期中考核评分要点及标准解析，做好PPT答辩准备。答辩时间为下节课，时长为10分钟，其中教师点评、互评5分钟。

请学生参考以下内容提前做好 PPT，届时每个小组将有 5 分钟的时间进行PPT答辩，教师将对项目提出相关问题，最终答辩成绩将计入课程总成绩。

期中考核评分要点及标准解析

要点	标准	分值/分
团队开发的创新方案概述	对项目基本情况描述的简洁性、多角度和吸引度进行评定。100 字以内描述团队的方案，使观众对项目有一个初印象	10
创新方案的命名和理念	对团队方案的设计理念与客户对方案的理解是否一致进行评价	10
创新方案针对的客户描述	对客户画像的深度和角度进行评定。可通过客户使用场景、目前市场痛点、客户主要需求等对客户进行画像，同时可以借助同理心地图更清楚地表示	20
创新价值	对创新方案对客户的创新价值的大小进行评定	20
创新机遇与创新点	根据七大创新机遇，对项目分析的完整性、与市场现有项目对比以及创新方案优势的显著性和真实性进行评定	20
客户反馈和评价	根据个体客户访谈和网络调查情况，对收集的客户意见进行表述的完整性、全面性和深刻性的评定	10
改进计划	对项目未来发展规划的科学性、可行性和前瞻性进行评定	10

二、学生任务

请学生完成以下作业。

（一）线上回帖

完成第六章线上作业"叮咚！创意原型产生！"，线上发帖与回复。

（二）线下预习

完成慕课"创新基础与创业实践方法"第七章"认识创业过程、蓝海战略思维与商机"线上课程学习。

（三）线下考核

准备"制作团队的创新方案"期中答辩。

优质成果展示

示例一

"云帆智创"团队原型设计"食美 App"页面展示

——成都理工大学创新创业教育翻转课堂第 3 期 01 班学员

示例二

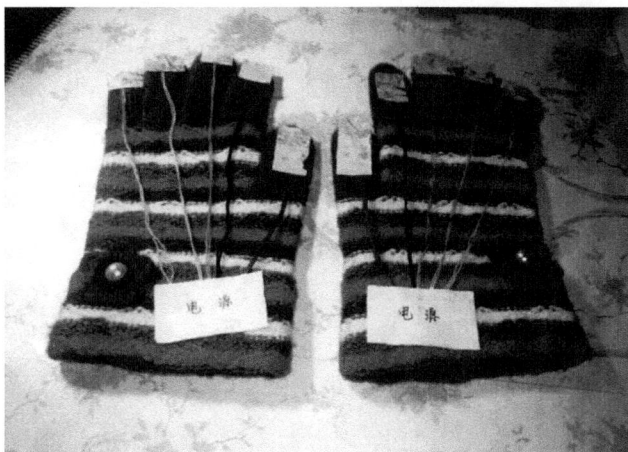

"SIX STARS"团队作品 VR 手套

——成都理工大学创新创业教育翻转课堂第 8 期 02 班学员

第三篇　创业过程与要素

　　通过前面两篇的积累，我们已经掌握了设计创新产品与服务的方法，踏上了真正的探险之旅。在本篇中，各位创业者将会学习创业的三个关键要素，掌握在创新方案的基础上抓住商机，盘活资源并有效开展团队交流的方法。

　　第三篇内容围绕"创业过程与要素"，创业者将通过蒂蒙斯创业过程模型、蓝海战略、精益创业塔等经典理论的学习，建立起创业总体规划与重点突破的思维。

第七章 创业过程模型与蓝海战略

第一节 学习导航

一、思维导图

二、学习与提升

1. 认知层：了解杰弗里·蒂蒙斯在《创业学》中提出的创业过程模型，领悟蓝海战略对创业商机可持续的重要意义及其风险防控效果，培养战略思维。

2. 能力层：能够利用工具，按照原则制定有效的蓝海战略，获得保持商机的秘诀。

3. 实践层：基于团队实际，从商机、资源、团队三大角度出发，分析了解团队现状；并且基于商机这一视角，利用蓝海战略的相关工具，遵守制定的原则，制定蓝海战略并检验其有效性。

三、案例导入

用四步动作框架分析瑞幸咖啡战略[①]

在市场竞争日趋白热化的今天，无数企业在红海中激烈搏杀。然而瑞幸咖啡制定并实施了蓝海战略，另辟蹊径，于 2017～2019 年迅速发展并成功上市。

（一）性价比

瑞幸咖啡以星巴克为参照对象，相比于星巴克 32～42 元的定价，瑞幸咖啡的均价在 24 元，比瑞幸便宜 8～18 元。目前瑞幸咖啡有充 2 赠 1 的活动，一杯咖啡的均价在 16 元（免费赠送、使用 1.8 折优惠券，不计入优惠范围）。瑞幸咖啡的品质优选上等阿拉比卡豆，由 WBC 冠军团队操刀拼配，新鲜烘焙、新鲜现磨。相对于星巴克来说，瑞幸咖啡保持高品质、低价格。

（二）建立自身数据平台 App

瑞幸开发了自己的 App 平台，并且通过一定的手段来提升 App 的下载率。该平台承载了点单和买单的功能，有强烈的不可替代性。瑞幸一开始就建立自身数据平台，打通了技术和整个运营体系，只要下单，全部信息都会体现在后台，然后根据这些数据进行分析，决定了开店地址、选品和配货。整个供应链依靠平台去精准分析判断，后期还可以对客户画像进行详细描述，精准推送信息。在这个大数据时代，客户的信息价值是巨大的。

（三）Pickup 门店

瑞幸现阶段的核心渠道是 Pickup 门店，此类型门店直接设立在写字楼内，不设立座位及休息区域，即买即走。与传统咖啡门店相比，门店租金较低，与线上外卖平台配合，配送快速，效率高。这不同于星巴克一直倡导"第三空间"的饮用咖啡（非家庭、办公室内饮用）。

（四）企业客户

星巴克营造的空间是个人对个人的商务会谈。瑞幸的目标客户群体是企业客户、白领和新消费群体。企业客户，它暗含了更多信息——你是哪家公司的白领？并且它主要是针对工作场景。瑞幸目标很明确，知道自己的目标客户群体在哪里，所以瑞幸的门店选址都在每个城市的中央商务区、写字楼这些地方，最直接地接触到目标客户群体。

---

① 池白桦. 浅析"小蓝杯"瑞幸咖啡的蓝海战略. 现代经济信息，2019（20）：318.（内容有修改）

（五）独辟蹊径的营销策略

瑞幸首先成功"碰瓷"星巴克，实现碰瓷式营销。瑞幸强行将自己与星巴克捆绑在一起，在短时间内提升了自己的知名度。瑞幸继而采用裂变式营销，即赠一得一，下载瑞幸咖啡 App，注册会员后将赠送一杯咖啡，把 App 分享给朋友，在朋友注册并购买后，继而双方都能再得到一杯咖啡，还可以无限裂变循环。

思考一：根据瑞幸的创业经验，你认为初创企业前期需要做哪些准备？

思考二：对公司或者团队发展来说，什么是一个好的战略？

相信完成本节课的学习之后，你会对以上问题有更深刻的认识。

第二节 线 上 学 习

一、蒂蒙斯创业过程模型

根据创业学鼻祖蒂蒙斯提出的创业过程理论，商机、资源、团队是创业过程的三个驱动要素，在创业过程中需要保持三者的动态平衡，那么创业者应该如何识别创业要素？在创业过程中又该如何实践？

扫描二维码在线学习"创新基础与创业实践方法"3.1 认识创业过程

二、蓝海战略

战略是指从全局角度思考如何实现全局目标的规划，在每个初创团队或企业中，需要根据创业进程及时调整团队战略。战略也常被看作是在"差异化"和"低成本"之间抉择。蓝海战略则不然，其管理者会同时追求"差异化"和"低成本"。判断一个战略是否为好战略，我们可以从三条标准进行检验：**是否重点突出，是否另辟蹊径，主题是否让人信服。**

扫描二维码在线学习"创新基础与创业实践方法"3.2 蓝海战略思维与商机

三、案例解读

案例一

卡罗韦的大百发球棒：创造新需求，转化非顾客①

当大多数高尔夫球企业还在为夺取更大的市场份额，留住现有顾客而不断精进现有技术，挖掘更多细分市场时，卡罗韦则是将市场目标放在了非顾客上，开拓了一片新的蓝海市场。

通过观察为什么人们规避高尔夫运动，卡罗韦发现了非顾客大众的关键共同点：人们觉得想击中高尔夫球实在太难了。高尔夫球棒的棒头太小，需要高度的手眼配合，要想掌握这项技巧需要时间，也需要经历。结果是，这令生手感到兴味索然，而要想掌握好这项运动，又要花太长时间。搞清了这一点，令卡罗韦获得启发，知道如何为自己的新产品统合需求。于是它推出了大百发球棒，这种高尔夫球棒的棒头很大，很容易击中高尔夫球。大百发球棒不仅令产业的很多非顾客变成顾客，也得到了现有高尔夫顾客的喜爱，因此一跃成为销售量最大的球棒。

案例解析： 企业遇到挑战常见的做法是关注现有顾客，追求细分市场。然而蓝海战略不仅要将目光集中在顾客上，还要关注非顾客人群，并致力于将产业中的非顾客需求转化为新需求。

案例二

太阳马戏团，知难而退，开拓新市场②

马戏团是一个传统行业，过去的马戏团以流动帐篷作为表演场地，以驯兽、动物表演、小丑杂耍、魔术等表演项目为主，目标消费人群主要是儿童。

太阳马戏团则另辟蹊径，首先，太阳马戏团取消了动物表演。此举一方面避免了动物保护团体的抗议浪潮，另一方面又大幅降低了企业成本。其次，大胆创新。太阳马戏团招募了一批体操、游泳、跳水等专业运动员，把他们训练成专业的舞台艺术家，运用绚丽的五彩灯光、华丽的舞台服装、美妙动人的音乐并融合歌舞剧的节目情节，为消费者创造前所未有的感官新体验。这些营销措施，使得太阳马戏团完全摆脱了传统马戏团的桎梏，成为全新的"剧场型马戏团"。

① W.钱·金，勒妮·莫博涅. 蓝海战略（扩展版）：超越产业竞争，开创全新市场. 吉宓，译. 北京：商务印书馆，2016：133.（内容有修改）
② W.钱·金，勒妮·莫博涅. 蓝海战略（扩展版）：超越产业竞争，开创全新市场. 吉宓，译. 北京：商务印书馆，2016：23-24.（内容有修改）

太阳马戏团成立 20 多年来，已先后在全球 90 多个城市进行了演出，吸引了 4000 余万名观众观看，其营业收入甚至已经超过全球马戏团第一品牌玲玲马戏团。

案例解析：可见，寻找无竞争的蓝海需要目光敏锐，想别人所未想，做别人所未做。要赢得明天，企业不能靠与对手竞争，因为在竞争激烈的已知市场空间中，与对手争抢日益缩减的利润额难以得到获利性增长，而开创"蓝海"，能使企业彻底甩脱竞争对手，并将新的需求释放出来。

第三节 线下学习

课前准备

请教师在中国大学慕课平台发布签到、练习题、讨论内容。

请学生上课前完成签到，下课前完成练习，下课后完成讨论。

一、课程知识

（一）蒂蒙斯创业过程模型

杰弗里·蒂蒙斯是哈佛大学、巴布森学院的教授，在创业学领域有着奠基者的地位，被称为"创业教育之父"。他在《创业学》一书中提出了"蒂蒙斯创业过程模型"（图 7-1），商机、资源、团队成为创业过程的三个驱动要素[①]。在企业创建时，三个要素很少出现完全匹配的情况，需要在动态中不断地维持各要素之间的平衡。

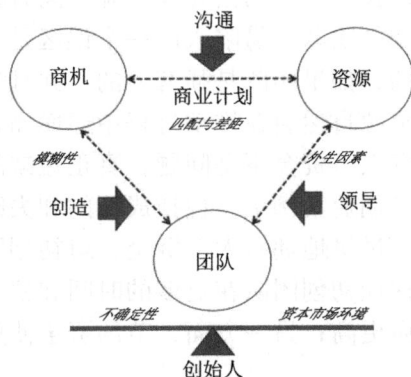

图 7-1 蒂蒙斯创业过程模型

[①] 杰弗里·蒂蒙斯，小斯蒂芬·斯皮内利. 创业学（第 6 版）. 周伟民，吕长春，译. 北京：人民邮电出版社，2005：31.

1. 商机[①]

创业过程始于商机，换言之，商机是创业过程的核心问题，可以从市场需求、市场结构和规模、利润分析三个方面进行思考（表 7-1）。

表 7-1　商机分析维度和要素

维度	要素
市场需求	客户回款少于 1 年吗？ 市场份额与成长潜力能达到 20%吗？成长率持久吗？ 客户是现实且能够接触到的吗？
市场结构和规模	市场属于新兴市场还是现有市场、细分市场？ 市场规模可达千万级水平吗？该市场规模有 20 倍以上的提升空间吗？ 是否存在专有权方面的进入壁垒？
利润分析	供应成本（例如 40%毛利率）低吗？ 对于竞争程度而言，资本要求低吗？ 能在 1 年内达到盈亏平衡吗？如不能要多久？ 能够增加价值使公司总体市盈率增加吗？

此外，商机持久性经常被人曲解。在现实中，当投资人收回资金后，还拥有市场或更多的投资回报，这就是成功的商机持久性。

2. 资源[②]

创业所需要的人力、财物以及相应的人际资源都是资源。其实对大学生来说，还有一种宝贵的资源，是可以利用好的，那就是时间。

资源是可以创造的，我们要主动去寻找资源，同时我们也要提高资源使用效率，节约资源。很多初创团队容易陷入的一个误区是，资源特别是资金越多越好。这个想法是不对的，如果团队是强有力的，并且通过构思拥有了一个高发展潜力的商机，各种资源自然会在推动过程中迎面而来。目前，在我国的市场环境中，有大量的投资人，资金不是问题，真正短缺的是优秀的创业团队和潜力巨大的商机。从许多创业案例中（包括成功的和失败的）进行总结，会得到一条让人惊讶的经验：过早地拥有太多资金，对初创团队而言并不是好事。一方面，紧张的资金往往让初创团队花更多的时间和精力在产品或服务的研发阶段，这使得商品的品质更高；另一方面，节约资金使用，使初创团队资源最

① 杰弗里·蒂蒙斯，小斯蒂芬·斯皮内利. 创业学（第 6 版）. 周伟民，吕长春，译. 北京：人民邮电出版社，2005：32-33.
② 杰弗里·蒂蒙斯，小斯蒂芬·斯皮内利. 创业学（第 6 版）. 周伟民，吕长春，译. 北京：人民邮电出版社，2005：3.

小化并控制资源，这种依靠自有资源的生存方式更具有竞争优势，在后期发展期的融资增值过程中更占有主动性，更能保证原始股东的价值最大化。例如，阿里巴巴的起步是在民居楼里，而乔布斯的起步就在车库里，扎克伯格的起步就在大学寝室里。所以，鼓励初创团队采用"手中鸟"的原则，在创业初期尽量依靠自有资源发展壮大。

3. 团队[①]

无数的经典案例证明，团队是高潜力企业的关键所在。投资者往往最看重的是团队，特别是有巨大创造力的企业创始人。一个企业如果没有一支由两位以上的关键贡献者组成的团队，则很难成长。表 7-2 列举了创业团队能够成功的一些关键因子。

表 7-2　创业团队成功的关键因子

创始人	学和教都更快、更好； 能坦然面对逆境，并很快从中恢复过来； 表现出正直、可靠、诚实的品质； 建立创业文化和组织
团队的素质	相关经历和业绩记录； 取胜的意愿； 敬业、决心和恒心； 对风险、不确定性的容忍度； 创造力； 团队焦点的控制； 适应性； 执着于商机； 领导； 沟通

作为一位领跑者和企业文化的创造者，创始人始终是团队的核心，他既是队员，也是教练。他能够以自身的能力和技巧吸引其他关键管理成员，组建团队，这正是投资家寻找的价值点。比如阿里巴巴团队，马云从大学辞职后，经历了翻译社、中国黄页的项目失败后，依然能够再次鼓起做阿里巴巴的勇气，与其身边初始的"十八罗汉"，也就是马云的学生有关。他们一直跟着他，对他的成功坚信不疑，哪怕没有像样的办公室只能在民居楼里办公，一个月只有 500 块钱的工

---

① 杰弗里·蒂蒙斯，小斯蒂芬·斯皮内利. 创业学（第 6 版）. 周伟民，吕长春，译. 北京：人民邮电出版社，2005：3.

资，他们也能心甘情愿。这种特质，保证了马云历经硅谷 30 多个投资人的拒绝后，还能找到投资。

（二）蓝海战略

蓝海的开创者并不会以现有的竞争对手为标杆，而应将目光放得更长远，在未知的市场空间中制定、实施相关战略。传统观念认为：企业要么用较高的成本为顾客创造更高的价值，要么用较低的成本创造出还不错的价值，两者不能兼得。所以，企业只能在"差异化"和"低成本"之间抉择。但是，蓝海战略却不同，可以让企业同时追求"差异化"和"低成本"。

1. 蓝海战略的基石[①]

价值创新是蓝海战略的基石，它的内涵是一种集成创新，不拘泥于某个要素的创新，不局限于本行业的规则，不只为满足现有顾客的需求而生产或服务（图 7-2）。蓝海战略的创新，要求企业重塑行业规则，甚至创造出一个前所未有的行业。一旦这个行业被创造出来，也随之开发出一系列的消费者需求，从而带动一大批相关产业的发展。

图 7-2　价值创新的内涵

2. 蓝海战略与红海战略[②]

现有市场中大多采用红海战略，表 7-3 展示了蓝海战略、红海战略的区别与联系，有利于进一步理解蓝海战略的优胜之处。

① 许婷，陈礼标，程书萍. 蓝海战略的价值创新内涵及案例分析. 科学学与科学技术管理，2007（7）：54-58.
② W.钱·金，勒妮·莫博涅. 蓝海战略（扩展版）：超越产业竞争，开创全新市场. 吉宓，译. 北京：商务印书馆，2016：40.

表 7-3 红海战略、蓝海战略的区别与联系

红海战略	蓝海战略
竞争于现有市场空间	开创全无对手的市场空间
打败竞争对手	摆脱竞争对手
开发现有需求	创造和获取新需求
在价值与成本之间取舍	打破价值与成本之间的取舍定律
按差异化或低成本的战略选择	同时追求差异化和低成本
协调企业活动的整体系统	协调企业活动的整体系统

3. 蓝海战略制定原则[①]

制定蓝海战略有四条原则，这些原则能够降低找寻、规划、规模、商业模式四方面的风险。

第一，重修市场边界原则可以跨越产业、战略集团、买方群体、产品或服务范围、功能-情感导向、时间六条常规竞争维度看市场，以摆脱竞争（表 7-4）。

表 7-4 重修市场边界原则

常规竞争维度	硬碰硬的竞争	开创蓝海
产业	专注于产业内的对手	跨越他择产业看市场
战略集团	专注于战略集团内部的竞争地位	跨越产业内不同的战略集团看市场
买方群体	专注于更好地为买方群体服务	重新界定产业的买方群体
产品或服务范围	专注于在产业边界内将产品或服务价值最大化	跨越互补性产品和服务看市场
功能-情感导向	专注于产业既定功能-情感导向下性价比的改善	重视产业的功能-情感导向
时间	专注于适应外部发生的潮流	跨越时间参与塑造外部潮流

第二，注重全局而非数字原则可以跨越小步改进，实现价值创新。用战略视觉化来摆脱数字化给企业带来的束缚（表 7-5[②]）。

---

① W.钱·金，勒妮·莫博涅. 蓝海战略（扩展版）：超越产业竞争，开创全新市场. 吉宓，译. 北京：商务印书馆，2016：73-147.

② W.钱·金，勒妮·莫博涅. 蓝海战略（扩展版）：超越产业竞争，开创全新市场. 吉宓，译. 北京：商务印书馆，2016：114.

表 7-5 全局而非数字原则

1.视觉唤醒	2.视觉探索	3.视觉战略展览会	4.视觉沟通
通过绘制现时战略布局图，将你的业务项目与对手的业务项目进行比较。看看你的战略何处需要改变	走入基层实地探索开创蓝海的六条路径。观察他择产品和服务的独特优势。看看你需要剔除、创造和改变哪些元素	在实地观察所获感悟的基础上绘制你未来的战略布局图。听取顾客、竞争对手的顾客以及非顾客对你绘制的各种战略布局图的反馈意见。听取反馈意见，构建最好的未来战略	将战略转变之前及之后的战略轮廓印在同一张纸上，以便于比较，并把它分发给员工。只支持那些能使你的公司向实现新战略迈进的项目和运营措施

第三，超越现有需求原则（表 7-6[①]）。这是实现价值创新的关键一步，即通过新产品和新服务统合最大的需求，降低了开创新市场所涉及的规模的风险。

表 7-6 超越现有需求原则

常规战略做法	蓝海战略做法
只关注现有顾客；追求市场细分，满足顾客间的细微差异	关注非顾客；不应着眼于顾客的差别，而应基于顾客强烈关注的共同点来建立自己的业务项目

第四，遵循合理的蓝海战略构建顺序（图 7-3），从而建立强劲的商业模式来确保获取利润。

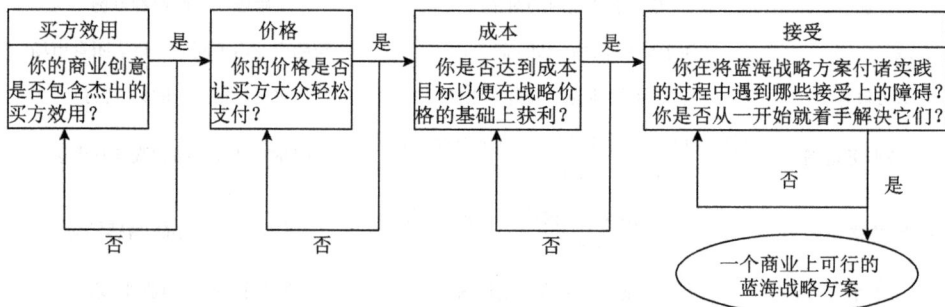

图 7-3 蓝海战略构建顺序

4. 分析工具和框架[②]

1）战略布局图

战略布局图是诊断框架，也是行动框架，能捕捉到现有市场的竞争状况，能

---

① W.钱·金，勒妮·莫博涅. 蓝海战略（扩展版）：超越产业竞争，开创全新市场. 吉宓，译. 北京：商务印书馆，2016：132.

② W.钱·金，勒妮·莫博涅. 蓝海战略（扩展版）：超越产业竞争，开创全新市场. 吉宓，译. 北京：商务印书馆，2016：47-62.

够明白竞争对手正把资金投入何处，在产品、服务、配送几方面产业竞争正集中在哪些元素上，以及顾客从市场现有相互竞争的商品选择中得到什么。

2）四步动作框（图7-4）

图 7-4　四步动作框

四步动作框的目的是重构买方价值元素，塑造新价值曲线，需要以这四个问题梳理清楚挑战产业的现有战略逻辑和商业模式。

四步动作框的辅助分析工具也是开创蓝海的关键，叫作"剔除—减少—增加—创造"坐标格，如表7-7所示。

表 7-7　"剔除—减少—增加—创造"坐标格

剔除	增加
1.	1.
2.	2.
3.	3.
……	……
减少	创造
1.	1.
2.	2.
3.	3.
……	……

5. 检验蓝海战略

（1）是否重点突出。企业战略只有在突出的重点上加大投入，才能体现出价值，过于分散的投资会导致高成本。

（2）是否另辟蹊径。当一个公司的战略是为了追赶对手而制定时，就失去了独特性，难以获得主导地位。

（3）主题是否让人信服。成功的战略都有让人信服的主题句，这不仅能清晰地传达信息，也能很好地宣传产品和服务。

二、课堂拓展

👤💬拓展一

自建黄金赛道丨重新定义老人鞋：开启轻动鞋蓝海增长新时代①

舞极限是一家专注于轻运动和轻健身的鞋履品牌，主要面向 45～59 岁新中老年群体，是一家集设计创新、场景体验、健身推广、品牌营销、市场零售为一体的闭环生态品牌。舞极限在竞争之外，拓展战略思维，跳出老人鞋的概念局限，提出"轻动"战略，让舞极限冲出红海市场，跨越到千亿蓝海市场。

"轻动"战略帮助舞极限占据了轻动鞋黄金赛道，定义了"轻动鞋"新品类，赢得了解释权，为行业制定标准、定义新赛道，构筑护城河。

👤💬拓展二

CRR 精选丨单店月均 200 万业绩，逆势崛起的成都本土折扣集合店"奥特乐"②

自新冠疫情在全球范围暴发之后，与普通消费者日常生活息息相关的经济收入、出境旅游、进出口贸易等都深受影响。在这种情况下，国内消费市场却有部分品类逆市上行，进口商品折扣超市便是其中之一。

大浪淘沙，从一众光速抢滩登陆的零售折扣店品牌中浮出水面的奥特乐，值得我们给予更多关注。遍地开花的奥特乐单店面积普遍在 200～300m² ，商品SKU 控制在 1000 个以内，主要集中在大牌休闲零食（约占 40%）、酒水饮料（约占 40%）和美妆个护（约占 20%）产品上。2021 年 8 月品牌官宣新店，随即，在四川省内市场的热烈欢迎气氛中，奥特乐一连开出 41 家门店。在 2022 年5 月，又开出温江合生汇店、金牛瑞安城中汇店等多家门店。据悉，大部分门店

---

① 欧赛斯. 有哪些出奇制胜的商业案例？有哪些运用蓝海战略成功的案例？. (2021-02-10)[2022-11-14]. https://www.zhihu.com/question/19773170/answer/1724655177.（内容有修改）

② Copywriter FEIFEI. CRR 精选丨单店月均 200 万业绩，逆势崛起的成都本土折扣集合店"奥特乐". (2022-06-14)[2022-11-14]. https://zhuanlan.zhihu.com/p/528475968.（内容有修改）

的月均销售额近 200 万元,坪效 10 万元,领先行业水平。据奥特乐 CEO 陈诚介绍,几乎所有门店在开业当月即实现盈利。

三、随堂检测

(一)单选题

1. 蒂蒙斯创业过程模型的三个驱动要素中,创业过程中的核心问题可以从
( )方面进行分析。

A. 创业创始人、创业团队素质　　B. 市场需求、市场结构和规模、利润分析
C. 创造资源、节约资源　　　　　D. 创造资源、节约资源、市场需求

2. 蓝海战略的基石是( )。

A. 创业思路　　　　　　　　　　B. 创业价值
C. 价值创新　　　　　　　　　　D. 资源团队

3. 李嘉诚的生意经"口岸,口岸,还是口岸!"是指三要素中的( )要素。

A. 商机　　　　　　　　　　　　B. 团队
C. 资金　　　　　　　　　　　　D. 资源

4. 蓝海战略是开创( )。

A. 过去市场空间　　　　　　　　B. 全无对手空间
C. 现有市场空间　　　　　　　　D. 将来市场空间

(二)多选题

5. 制定蓝海战略常用分析工具和框架有( )。

A. 战略布局图　　　　　　　　　B. 四步动作框
C. 蒂蒙斯创业过程模型　　　　　D. "剔除—减少—增加—创造"坐标格

6. 蒂蒙斯创业过程模型包括( )。

A. 商机　　　　　　　　　　　　B. 资源
C. 团队　　　　　　　　　　　　D. 资金

(三)判断题

7. 任何时期都存在蓝海市场。( )

8. 团队成员的亲戚好友也算一种资源。( )

9. 在团队中,创始人是核心角色。( )

10. 红海战略不能在价值与成本之间取舍。( )

第四节　课堂互动

一、小组讨论：分析蒂蒙斯创业过程

讨论 8：项目要素

要素	优势	劣势
商机		
资源		
团队		

二、课堂作业：制定蓝海战略

作业 6：项目的蓝海战略分析

竞争市场比较	
团队项目情况（蓝海） ①开创全无对手的市场空间 ②摆脱竞争对手 ③创造和获取新需求 ④打破价值与成本之间的取舍定律 ⑤为同时追求差异化和低成本协调企业活动的整体系统	其他红海项目情况，举例说明 ①竞争于现有市场空间 ②打败竞争对手 ③开发现有需求 ④在价值与成本之间取舍 ⑤按差异化或低成本的战略选择协调企业活动的整体系统
项目商机描述：	
促进项目的蓝海战略还可以怎样改进：	

三、复盘总结

课堂心得

第五节 课后任务

一、教师任务

请教师下课前在慕课堂上发布公告，并点击下课；下课后在慕课综合评论区发布以下帖子。

请同学们完成第七章线上作业"用蓝海战略保持商机！"，线上发帖与回复。

说明：每位同学在慕课综合评论区描述创业项目的蓝海战略，字数不超过100字。

二、学生任务

请学生完成以下作业。

（一）线上回帖

完成第七章线上作业"用蓝海战略保持商机！"，线上发帖与回复。

（二）线下预习

完成慕课"创新基础与创业实践方法"第八章"精益创业实践方法"线上课程学习。

优质帖展示

示例一

2020 年 8 月 27 日，成都优杜科技有限公司申请了乐达出行的商标，2021 年 6 月 21 日，商标注册成功。以胡僳和曾松为首要创始人的乐达出行，正式入驻市场。他们有丰富的创业经历，拥有良好的沟通和领导能力，对于商机有着灵敏的反应，他们调研发现：校园内学生人数众多，需求量大。乐达出行的创业团队学习和动手能力强，在借鉴共享单车成功的经验上，根据大学生具体需求，发现校园卡支付方便快捷，学生使用更加方便；共享电动车通过改进，安全系数更高，且能够满足消费者对于骑行安全的要求，因而创造出更适合校园使用的共享电动车，抢占了校园市场。

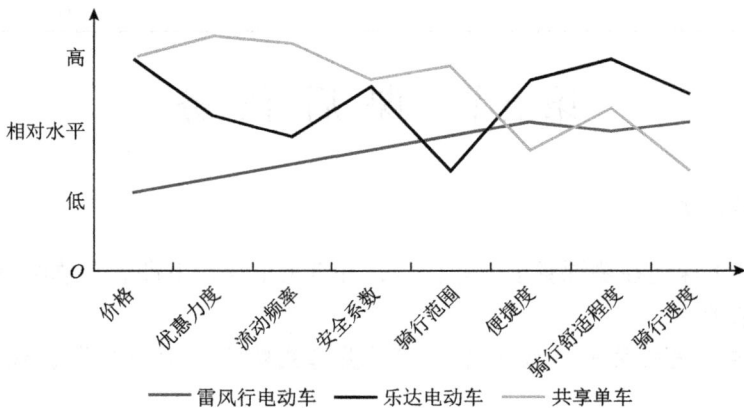

共享车的价值创新曲线

——成都理工大学创新创业教育翻转课堂第 9 期 01 班学员

示例二

2014 年，北大毕业生戴威与 4 名合伙人共同创立 ofo 小黄车，致力于解决大学校园的出行问题。2016 年 12 月 8 日，ofo 小黄车在广州召开城市战略发布会，宣布正式登陆广州，2016 年内连接 6 万辆自行车，日订单突破 40 万单。起初，ofo 小黄车因为解决了最后一公里出行的痛点，开创了共享经济的新时代，吸引了大批消费者。但后期由于不重视小黄车的维护问题以及退押金速度慢等诸多问题，ofo 小黄车流失了大批消费者，最后导致了 ofo 小黄车的消亡。

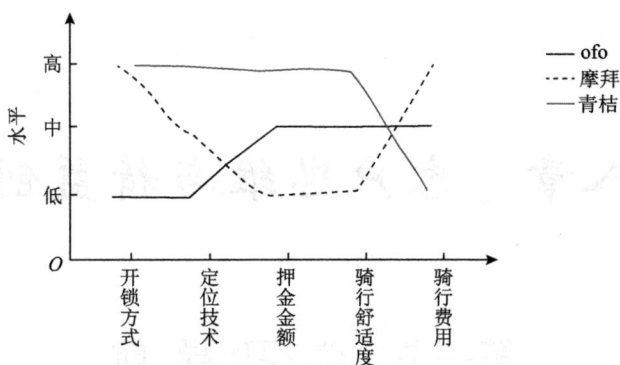

共享单车的价值创新曲线

——成都理工大学创新创业教育翻转课堂第 4 期 03 班学员

第八章　客户思维与精益创业

第一节　学习导航

一、思维导图

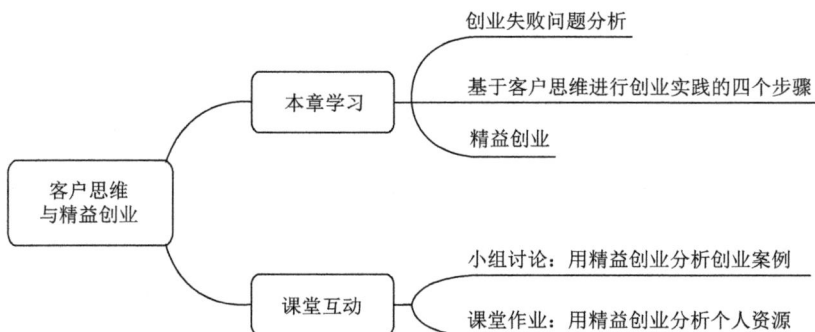

二、学习与提升

1. 认知层：了解客户思维与精益创业的概念、本质思维以及内在联系，学习相关的典型案例。

2. 能力层：基于客户思维进行创业实践的四个步骤，以及客户开发的具体流程，在精益创业的理念下进行创业实践。

3. 实践层：思考创业失败案例的原因，重视并建立客户思维。基于蒂蒙斯创业过程模型中"资源"这一视角，以客户为中心，按照精益创业的原则和步骤开启团队的精益创业。

三、案例导入

全球最大的网上鞋店 Zappos 的做法[①]

全球最大的网上鞋店 Zappos 的年收入总额超 10 亿美元。它被认为是全球最

---

① 埃里克·莱斯. 精益创业——新创企业的成长思维. 吴彤, 译. 北京：中信出版社, 2012：39.（内容有修改）

成功、最典型的"以顾客为上帝"的电子商务公司之一，但最初情况并非如此。

当时还没有网站集中销售各种鞋类，Zappos 的创始人尼克·斯威姆（Nick Swinmurn）认为这是一个机会，于是，他构想了一种新的独特零售体验。按照常规的做法，斯威姆原本可以设计并制作一个完整的电商网站，做好基础的测试，全面涵盖仓储、分销伙伴支持，并提供大减价等销售方案。

然而，斯威姆并没有那么做。

他从实验网站开始运行。他的前提假设是顾客已经就绪，并愿意在网上购鞋。为了证明这个假设，他询问本地的鞋店是否能让他为店里的库存产品拍照。他承诺如果有人从网上买这双鞋，他就会代客以全价从这家店里买下这双鞋子。

Zappos 最初的产品很少，也很单一。它只回答一个最根本的问题：市场对网上购鞋有没有足够的需求？Zappos 开展的这种新创企业实验计划周详，所测试的并不仅是商业计划中的一个方面。在验证首要前提的同时，它也一一测试了其余假设。要售卖鞋子，Zappos 必须和顾客互动交流，从收取货款、处理退货，到客服支持。这和市场调研截然不同。如果 Zappos 依赖已有的市场研究或调查形式，它就可能会问：顾客认为他们想要什么。然而 Zappos 所做的是先建立网站，尽管规模很小，但企业还是从中获益良多：①它获得了更精确的顾客需求数据。因为它观察到的是真实的顾客行为，而不是通过提出假设性问题来估计。②它站在一个和真实顾客互动交流的位置上了解顾客的要求。比如说，原本的经营计划可能需要涉及折扣定价，但是顾客对打折产品到底有何看法？③它可以意外地发现一些突如其来的顾客行为、一些以前可能没想到的问题。比如，该怎么处理顾客退货？

Zappos 的初期实验得出了一个清晰的、量化的结论：不接受网上购买鞋子的顾客数量很多，但会在网上购买鞋子的顾客也不少。同时，实验让企业观察到真实的顾客与合作伙伴，与他们互动并且了解他们。这些定性认知和量化测试相辅相成。尽管 Zappos 早期的投入规模相当小，但这并不妨碍它最终大展宏图。2009 年，Zappos 被电子商务巨头亚马逊网站收购，据报道收购价为 12 亿美元。

思考一：根据上述案例，你认为在产品开发的过程中，是什么促成了斯威姆创业的成功？

思考二：你认为客户思维是什么？为什么要重视客户思维？

相信完成本节课的学习之后，你会对以上问题有更深刻的认识。

第二节 线 上 学 习

一、精益创业

资源有限，是所有初创企业都会遇到的问题。那么这种窘境该如何破解呢？

有没有相适应的解决模式？其实，换个角度我们就能找到问题的答案，就是不断有客户愿意为你的产品或服务付费，这也是精益创业理论的出发点。本节课程通过贴切的生活实例说明了精益创业的重要意义与核心所在，总结了创业失败的主要原因，介绍了"开发—测量—认知"反馈循环的使用方法。

扫描二维码在线学习"创新基础与创业实践方法"3.3 精益创业实践方法

二、案例解读

案例一

Webvan 的失败①

GBF（get big fast，快速扩大）又可以定义为"火箭发射式"的思维，在互联网时期达到顶峰。

Webvan 就是将 GBF 思维发挥到极致的一个案例，也正是这个案例，触发了硅谷开始重新审视和定位创业思维。

Webvan 是生鲜杂货电商，这个公司起步于 1996 年，Webvan 用的是我们现在非常时髦的 O2O 模式，客户在线上完成一个订购的功能，而线下是一个大型仓库，围绕这个仓库有配送的队伍。但是，Webvan 在看到第一个客户之前，就已经花费 4000 万美元在旧金山地区建了一个仓库，为旧金山全市区半径为 60 英里②范围内的居民服务。这是 1999 年的仓库系统，但即使用今天的标准来看也是非常先进的，里边甚至使用了机器人，Webvan 希望用机器人来代替所有人工的分拣，用机器人来实现全自动配送。这个当时全世界最先进的仓库系统的建设成本有多大？我可以列举两个基本的数据：第一个数据，整个仓库系统的软件全部是内部开发的，花了大概 1600 万美元；第二个数据，这个仓库里的电线就花了大概 500 万美元。但是，这个极为先进的仓库系统最大的问题是什么呢？就是这个仓库的配送系统永远找不到需要它的客户。

案例解析：Webvan 的失败在于它以产品而非客户为导向，过度追求完美主义，过度理性预测而非科学预测。由此可见，精益创业的学习，无论是对于开始

---

① 龚焱. 创业者，别让"火箭式发射"思维毁了你. 商学院，2015（5）：116.（内容有修改）
② 1 英里=1.609344 km。

从事一项商业活动还是对于创办企业，都是十分重要的。

案例二

Dropbox：假设产品开发，你愿意注册吗？[①]

Dropbox 是一款免费网络文件同步工具，通过云计算实现因特网上的文件同步，客户可以存储并共享文件和文件夹。

当时还没有此类功能的软件，而实际产品的生产需要克服重大的技术障碍，并且产品中的在线服务部分也需要做到高度可靠和有效。为了规避风险，以免开发多年之后才恍悟产品没人想要，休斯顿使的一招出乎意料地简单：他拍了一段视频。

视频的内容是假设这个产品已经开发并用于实际生活中，休斯顿将这个视频放在了 YouTube 上：如果这个软件正在开发中，如果你想用，那么请你来注册。结果这个视频火了，一百多万个人来观看视频，并有大量客户注册了这个软件。于是，他拿着这个视频，有了更大的信心，并以此说服了投资者，拿到了第一笔融资，Dropbox 由此诞生，后面的情况也验证了它的成功。

案例解析： Dropbox 的成功在于，它没有事先把大量的成本直接投入生产，而是先用小成本确定客户的需求，得到客户的反馈，再进行开发和改进。创业成功的关键在于我们能将有限的资源投入到最靠谱的路上，客户的需求满足是决定产品成功的关键。

第三节 线 下 学 习

课前准备

请教师在中国大学慕课平台发布签到、练习题、讨论内容。
请学生上课前完成签到，下课前完成练习，下课后完成讨论。

一、课程知识

（一）创业失败问题分析

《四步创业法》的作者史蒂夫·布兰科是硅谷著名的创业导师，布兰科认

[①] 埃里克·莱斯. 精益创业——新创企业的成长思维. 吴彤，译. 北京：中信出版社，2012：73-75.（内容有修改）

为，传统产品的开发方法有严重的缺陷，关注的只是产品，而忽略了顾客、市场、营销、财务等其他方面，主要存在以下十个问题。

1. 不清楚顾客在哪里[1]

创业的基本事实是：导致企业失败的最主要原因，也是最大的风险，不是产品开发流程存在问题，而是缺少顾客和有效的商业模型。

2. 过分强调产品上市时间[2]

很多公司的营销部门和销售主管部门为了配合产品上市，为了跟上开发部门的进度，往往仓促了事。这种不知道顾客和市场在哪里就盲目推荐产品的做法，是本末倒置。

3. 过分强调执行，忽略了探索与学习[3]

市场瞬息万变，一些被公司高价聘请的营销主管和销售主管会迷信于已有的营销知识和销售技巧，忽略了在市场中需要不断探索与学习才能找到答案。

4. 市场营销活动和销售工作缺少明确目标[4]

一些营销部门和销售部门强调执行各种量化指标，比如把增加销售量作为工作目标、建设销售团队作为工作目标，其实不然。真正的目标可以概括成：理解客户的需求，发现顾客购买产品的规律，利用合理的商业模型获取利润。

5. 用产品开发方法指导销售[5]

根据产品开发方法制定客户发展计划就好比用钟表测量温度，无异于缘木求鱼，不应该按照愿景和假设去建立销售部门和招聘销售人员。

6. 用产品开发方法指导市场营销[6]

这一点和上面的情况又不一样，企业往往是为了产品较好推广而花费高额的广告费用、媒体公关费用，甚至联系一些明星代言。但缺少市场信息、顾客反馈信息、市场检验是存在隐患的。

7. 仓促扩张[7]

通常，公司管理层扩大经营规模的依据为产品开发方法、商业计划、预期

① Steven Gray Blank. 四步创业法. 七印部落，译. 武汉：华中科技大学出版社，2012：20.
② Steven Gray Blank. 四步创业法. 七印部落，译. 武汉：华中科技大学出版社，2012：20-21.
③ Steven Gray Blank. 四步创业法. 七印部落，译. 武汉：华中科技大学出版社，2012：21-23.
④ Steven Gray Blank. 四步创业法. 七印部落，译. 武汉：华中科技大学出版社，2012：23-24.
⑤ Steven Gray Blank. 四步创业法. 七印部落，译. 武汉：华中科技大学出版社，2012：24-25.
⑥ Steven Gray Blank. 四步创业法. 七印部落，译. 武汉：华中科技大学出版社，2012：25-26.
⑦ Steven Gray Blank. 四步创业法. 七印部落，译. 武汉：华中科技大学出版社，2012：27.

收益并假定产品一定会成功，但这种缺少"停车检查"的机制，会使公司陷入被动。

8. 恶性循环[①]

仓促扩张会直接诱发公司陷入恶性循环，产品卖不出去，在市场营销的广告投入和销售团队建设上不断投入资金，这种开销和日常维护会逐步消耗掉公司现金流，加速恶化公司的处境。

9. 忽视市场类型的影响[②]

这点是非常重要的，常见的市场类型一共分为三种：①现有市场（生产市场上已有的产品）；②全新市场（生产全新的产品，开拓全新的市场）；③细分市场（生产改良的产品，进一步细分现有市场）。只有第一种市场类型，产品开发方法才有可能取得成功。成功的条件是原有的经验适用于产品要面对的市场。在后两种情况下，单凭产品开发方法是不可能知道顾客在哪里的。

10. 好高骛远[③]

很多企业对产品抱有以下三种不切实际的期望：①用产品开发方法指导经营活动，如寻找市场，发掘客户，制定商业模型；②客户数量会随着产品开发进度自动增长；③只要产品上市，客户就能接受。

（二）基于客户思维进行创业实践的四个步骤

基于这些现实的问题，布兰科开创了一套新的思路和流程，用于解决传统产品开发方法解决不了的问题（图8-1）。

1. 客户探索[④]

客户探索的目标是根据既定的产品设计去寻找目标客户，判断产品能否解决他们的问题。检验商业计划中关于产品、待解决问题以及客户的各种假设是否正确。

为此，必须放弃猜测，走出办公室去发掘最有价值的问题，弄清产品应该如何解决问题，弄清谁是你的客户（谁有权决定购买产品或影响购买决定，以及谁是产品的实际客户）。完成这些任务后，产品的特色就会变得清晰可见。

请注意，客户探索的目标既不是从潜在客户那里收集产品功能，也不是不停地召开客户研讨会。在创业公司里，定义产品雏形的工作通常是由公司创始人或

---

① Steven Gray Blank. 四步创业法. 七印部落，译. 武汉：华中科技大学出版社，2012：27-29.
② Steven Gray Blank. 四步创业法. 七印部落，译. 武汉：华中科技大学出版社，2012：29-30.
③ Steven Gray Blank. 四步创业法. 七印部落，译. 武汉：华中科技大学出版社，2012：30-31.
④ Steven Gray Blank. 四步创业法. 七印部落，译. 武汉：华中科技大学出版社，2012：42-44

产品开发团队完成的。

客户探索的任务是判断是否有顾客买产品雏形的账。

2. 客户检验[①]

客户检验的目标是找出可以反复使用的销售模型，供营销团队和销售团队以后使用。销售路线图是经过早期客户验证的销售流程。

图 8-1 布兰科创建的客户发展方法

换句话说，客户检验要判断是否有顾客愿意掏钱购买产品。客户探索和客户检验共同验证商业模型。

完成这两步，企业可以找到顾客，定位市场，了解产品的价值，制定定价策略和渠道策略，检验销售模型和销售流程。

只有当创业者发现了稳定的回头客和可以反复使用的销售流程，以及根据两者建立的商业模型后，才能进入下一阶段。

3. 客户培养[②]

客户培养的目标是激发更多的潜在客户，并把新的购买需求融入现有销售渠道。这一阶段紧接客户检验，在首批顾客的帮助下，进一步扩大客户规模。客户培养的具体方法因市场类型而异。现有市场、细分市场、全新市场所对应的客户发展方法都不同，如表 8-1 所示。

① Steven Gray Blank. 四步创业法. 七印部落，译. 武汉：华中科技大学出版社，2012：44-45.
② Steven Gray Blank. 四步创业法. 七印部落，译. 武汉：华中科技大学出版社，2012：45.

表 8-1 客户发展方法

市场构成	现有市场	细分市场	全新市场
客户群	已知	部分已知	未知
客户需求	高性能、低价格	小众需求	待发掘
竞争者	已知	已知	未知
风险	竞争激烈	竞争激烈，市场不接纳新产品	市场不接纳产品

4. 组建公司[①]

组建公司的目标是完成从学习探索型的客户发展团队向编制完整的正式企业过渡（包括招聘营销主管、销售主管、业务拓展主管等）。这些主管负责组建各自的部门，进一步扩大产品的市场份额。

客户发展方法（表 8-1）提倡的是一种比较稳健的做法，仓促扩张对创业公司来说无异于饮鸩止渴。

客户发展方法的目标是寻找可盈利的、可扩展的商业模式，让公司实现盈利。

这四个阶段的每个阶段都有明确目标，以方便公司和投资者准确评估进展情况。此外，前三个阶段可以在人力资源有限的情况下完成，从而节约创业成本。

（三）精益创业

史蒂夫·布兰科是莱斯的老师，他提出的创业实践的四个步骤，尤其是前三个阶段对莱斯影响深远。硅谷创业家莱斯的一本风靡世界的著作是《精益创业》。精益创业代表了一种不断形成创新的新方法，它源于丰田生产系统的"精益生产"理念，提倡企业进行"验证性学习"，先向市场推出极简的原型产品，然后在不断的试验和学习中，以最小的成本和有效的方式验证产品是否符合客户需求，灵活调整方向。如果产品不符合市场需求，最好能"快速地失败、廉价地失败"，而不要"昂贵地失败"；如果产品被客户认可，企业也应该不断学习，挖掘客户需求，迭代优化产品。

1. 精益创业有以下五项基本原则[②]

1）客户导向原则

精益创业的核心是围绕客户，所有的认知、所有的迭代都是围绕客户而展开的，从自我导向转向客户导向。

① Steven Gray Blank. 四步创业法. 七印部落，译. 武汉：华中科技大学出版社，2012：46.
② 龚焱. 精益创业方法论. 北京：机械工业出版社，2015：34.

2）行动原则

行先于知，而不是用知来引导行，从计划导向转向行动导向。

3）试错原则

从完美预测转向科学试错。精益创业就是试错过程中非常重要的一个工具。

4）聚焦原则

从初创公司或者创始人本身导入的火箭发射式的思维转向单点突破，甚至在单点突破时，主动过滤市场中部分噪音客户，聚焦在最关键的天使客户上。

5）迭代原则

从火箭发射式创业中的完美计划、完美执行，转向精益创业的高速迭代。注意，迭代和速度都是非常关键的。

2. 精益创业的核心步骤

"精益"这个词，在原版的英文中用的是 lean，其主要意义是简洁的、精干的。其精髓在于，其是一种不需要太多资源就能驱动发展的创业方法。其核心步骤有三步，三个核心步骤形成闭环，称为"开发—测量—认知"反馈循环，如图 8-2 所示。

图 8-2 "开发—测量—认知"反馈循环

对于精益创业理念的讲解，莱斯在世界各地演讲时，常常用到"开发—测量—认知"反馈循环对其进行阐述。后来，有听众反馈，"开发—测量—认知"反馈循环有让他们困惑的地方，就是反馈循环的顺序，似乎本末倒置，把"开发"放在第一步，好比是射击教练喊着"射击—准备—瞄准"的口号，教学生射击一样。所以，在后来，为了帮助大家能更好地了解精益创业的过程模型，莱斯又新加入了三个元素，形成了现在的模型图，见图 8-3。

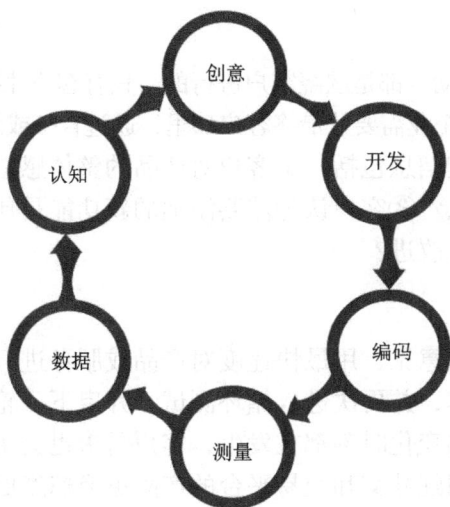

图 8-3 精益创业过程模型图

1）创意

"创意"（idea）是指产生产品或服务的创意来源。新的模型图，可以让人们更清楚地认识到"开发"的目的是要去测试和验证，而非"无的放矢"地、盲目地去进行产品开发。

2）编码

"编码"（code）是指对产品或服务的编码实现。这是基于作者的工程师背景，如果不是软件行业的话，也可以直接替代成产品或服务。

3）数据

"数据"（data）就是得到客户反馈的具体数据，然后我们会对获取的反馈进行全面测量，剔除无效的和无用的数据，找出有效的和有用的数据，从而接下来可以深入到对这些数据的"认知"中去。这些产生的新认知又会影响到下一轮循环中产生的迭代"创意"。

由此可见，"开发—测量—认知"反馈循环的目的，并不是将一个半成品快速投入市场进行试水，而是为了验证"创意"的有效性。

所以，精益创业方法的焦点是如何测试和验证企业产品或服务的"创意"。

3. 最小化可行产品

最小化可行产品（minimum viable product，MVP），可以帮助创业者尽早开启学习认知的历程，用最快的方式和最少的精力完成"开发—测量—认知"反馈循环。

例如，同学们要是想做一个单人驾驶汽车项目，不如先做一辆单人电动滑板车，去确定下单人出行工具的可行性和市场容量。

4. 客户反馈

精益创业的所有活动，都是围绕客户进行的。只有客户才拥有产品或服务开发过程中的决策权。所以，企业需要从最终客户那里，通过直接或间接的方式获取意见。

需要收集到的关键信息包括：①客户对产品的整体感觉如何？②客户不喜欢或不需要的功能是什么？③客户认为需要添加的新功能是什么？④客户认为产品或服务的哪些功能需要改进？

5. 迭代

这是针对客户反馈意见，用最快速度对产品或服务进行调整，从而设计出能满足客户需求的新版本，并再次进入循环测试，开启下一轮学习认知。特别是当前时代飞速发展，新的变化时刻都在发生，客户需求也会快速变化，有时速度比质量更重要。例如，网红社交和交易平台的产品更换速度更快，目的就是要快速测试消费市场的需求与容量，提高交易效率。

二、课堂拓展

拓展一

精益创业最早提出者莱斯

最早提出精益创业概念框架的作者是莱斯，他在 2011 年的著作《精益创业》推动了精益创业运动全球化的发展。

莱斯曾说世界上多数新产品和初创公司都以失败而告终，当下时代，创业者面临的主要问题，并不是做不出新东西。在全球范围内，从零开始的创业冒险浪费了大多数创新人才的时间和精力，而如果能把所有的时间和精力都用在有用的地方，那么我们就能改变这个世界。

全球精益创业运动，改变了许多创业家创办企业、创新产品的方式。对于创业公司来说，倘若分不清价值和浪费，设计的产品无人问津，即使质量再好，效率再高，再严格按照计划执行都是无用的。

拓展二

从一个客户的实验开始[①]

曼纽尔·罗索创业的公司叫"桌上美食"（Food on the Table），他希望能

---

① 埃里克·莱斯. 精益创业——新创企业的成长思维. 吴彤，译. 北京：中信出版社，2012：75-78.（内容有修改）

做一个面向全国公众的能够生成消费者个性化图谱的服务网站，但他并没有直接研发一个复杂的自动化的系统，而是先做采访，签下单个客户，验证需求，后续改进方案，剔除不必要的功能，经过验证后，产品最后大获成功。

曼纽尔虽然初期投入的成本很小，但他从一个客户的需求出发并深入研究，不断改善，避免了不必要的资源浪费，后续取得了巨大的成功。

三、随堂检测

（一）单选题

1. 下列关于客户需求个性化描述中错误的是（　　）。

A. 坚持以客户为本，从客户的思维和心理模式出发

B. 通过了解问题来定位需求，站在客户的角度去思考和理解问题

C. 给予客户再设计空间，允许其根据不同的使用情景重组设计

D. 完全根据客户的喜好和要求进行设计，不必考虑功能性和实用性

2. 下列关于客户的需求痛点说法正确的是（　　）。

A. 痛点就是目标人群已经被满足的需求

B. 创业初期能解决客户的需求痛点越多越好，这些需求可能是显性未能实现的需求，或者是潜在的需求

C. 创业者在分析客户需求时，需要调查目前客户替代产品和潜在的竞争对手特点

D. 如果市场上已经有类似的产品或服务可以满足客户的需求痛点，那么创业者应尽早放弃该创业项目

3. 精益创业的核心步骤是（　　）。

A. 开发—认知—测量　　　　　　　B. 开发—测量—认知

C. 测量—认知—开发　　　　　　　D. 测量—开发—认知

4. 判断是否有顾客愿意掏钱购买产品是进行创业实践四大步骤中的（　　）。

A. 客户探索　　　　　　　　　　　B. 客户检验

C. 客户培养　　　　　　　　　　　D. 组建公司

（二）多选题

5. 以下关于痛点说法正确的是？（　　）

A. 客户的差异化痛点是指客户为了这个痛点愿意付出更多的钱

B. 客户的核心痛点是指客户为了这个痛点愿意去花费真金白银

C. 差异化痛点是最普遍市场消费者的痛点

D. 客户的增值痛点指客户为了这个痛点愿意付增值的钱

6. 精益创业过程模型图的核心步骤有哪三步？（   ）

A. 开发   B. 测量

C. 认知   D. 反馈

（三）判断题

7. 精益创业的所有活动，不都是围绕客户进行的。（   ）

8. 仅有技术创新还远远不够，善于把握和培养客户需求，并围绕客户需求进行技术、理念和商业模式全方位的创新，才是获得真正成功的关键所在。（   ）

9. 最小化可行产品，也称之为 MVP。（   ）

10. 客户探索的任务是判断是否有顾客买产品雏形的账。（   ）

第四节 课 堂 互 动

一、小组讨论：用精益创业分析创业案例

讨论 9：请用精益创业的理念分析抖音 App。

二、课堂作业：用精益创业分析个人资源

作业 7：Who am I?

1. 写出 20 句"我是一个怎样的人"，要求尽量选择一些能反映个人风格的语句，避免出现类似"我是一个女生"这样的句子。

（1）我是一个_____的人。

（2）我是一个_____的人。

（3）我是一个_____的人。

（4）我是一个_____的人。

（5）我是一个_____的人。

（6）我是一个_____的人。

（7）我是一个_____的人。

（8）我是一个_____的人。

（9）我是一个_____的人。

（10）我是一个_____的人。

（11）我是一个_____的人。

（12）我是一个_____的人。

（13）我是一个_____的人。 （14）我是一个_____的人。 （15）我是一个_____的人。 （16）我是一个_____的人。 （17）我是一个_____的人。 （18）我是一个_____的人。 （19）我是一个_____的人。 （20）我是一个_____的人。
2. 请将陈述的 20 项内容做下列归类。 A. 身体状况（属于你的体貌特征，如年龄、身高、体型等） 编号： B. 情绪状况（你常持有的情绪情感，如乐观开朗、振奋人心、烦恼沮丧等） 编号： C. 才智状况（你的智力、能力情况，如聪明、灵活、迟钝、能干等） 编号： D. 品质状况（你的个人品质或精神，如勇敢的、坚持的、创新的等） 编号： E. 社会关系状况（与他人的关系，如何应对进退、对他人常持有的态度、原则，如乐于助人、爱交朋友的、坦诚的、孤独的等） 编号：
3. 评估一下你对自己的陈述是积极的还是消极的。 A. 在你列出的每一句话后面，标注 "＋" "0" "－"，"＋" 代表积极评价，"0" 代表中性评价，"－" 代表消极评价。 B. 数一数，"＋" "0" "－" 各有多少项。

作业 8：个人成就故事

1. 你当时想达到的目标/完成的任务。	
2. 面临的障碍、限制、困难。	
3. 你的具体行动步骤以及如何克服了障碍、限制、困难。	
4. 你调用、整合了哪些资源。	
5. 你取得了什么成绩/成就。	
6. 请从这件事中总结可以迁移的经验。	

三、复盘总结

课堂心得

第五节　课后任务

一、教师任务

请教师下课前在慕课堂上发布公告，并点击下课；下课后在慕课综合评论区发布以下帖子。

请同学们完成第八章线上作业"精益创业计划！"，线上发帖与回复。

说明：每位同学在慕课综合评论区描述将要实施的精益创业计划，字数不超过100字。

二、学生任务

请学生完成以下作业。

（一）线上回帖

完成第八章线上作业"精益创业计划！"，线上发帖与回复。

（二）线下预习

完成慕课"创新基础与创业实践方法"第九章"提升创业团队的信念、情商与团队建设中的情感认同、创业团队的组织建设"线上课程学习。

优质帖展示

示例一

我们组采用市场走访调查以及问卷调查的方法,充分地了解各阶段人群的失眠原因,从心理上和医学上将各阶段人群分类,分别定制不同的治疗方案。同时在我们小程序的商店有售卖监测睡眠质量的手环,配合上我们的小程序,每天准确地知道自己的睡眠质量并改进自己的疗养方案,"眠"——你的睡眠小管家。

——成都理工大学创新创业教育翻转课堂第 9 期 01 班学员

示例二

我们针对图书馆内占座严重、座位使用率不高的现象,推出一款面向全校师生的座位管理小程序。该小程序向使用者实时展示在馆人数以及座位使用情况,方便使用者进行预约选座,提高座位使用率。而且推出的个人认证二维码,方便使用者的签到与签退。同时该小程序还可以统计在馆学习时长,有利于使用者进行时间管理。开辟的聊天室能使同学们更好地进行交流,而不用担心影响到他人学习。

——成都理工大学创新创业教育翻转课堂第 6 期 02 班学员

示例三

本组拟开发一款专门用于大学食堂就餐打包外送的小程序。只要通过认证,学生即可绑定一卡通、微信支付等进行网上下单。该小程序旨在解决食堂排队难、菜品准备不充分、个人就餐时间不足等一系列问题。程序操作界面简洁明了,节约大家操作的时间。而且,该小程序实时更新菜品情况,方便大家选择,实属省时省心。

——成都理工大学创新创业教育翻转课堂第 8 期 04 班学员

第九章　创业团队提升

第一节　学习导航

一、思维导图

思维导图内容：
- 创业团队提升
  - 本章学习
    - 团队建设金字塔
    - 树立信念
    - 提升情商
    - 组织建设
  - 课堂互动
    - 小组讨论：用金字塔理论分析创业团队
    - 课堂作业：测试与分工

二、学习与提升

1. 认知层：明白个体的差异性是客观存在的，了解"信念""情商""组织"在创业团队组建和优化中的重要作用。

2. 能力层：掌握测评和提升团队"信念""情商"的实践方法，加强"组织"建设，提升团队"行动力"。

3. 实践层：明确"团队建设金字塔"理论中三要素的重要作用，按照测试方法对团队的"信念""情商"进行测试，并在后期不断提升、加强、优化。根据测试结果继续优化组织架构，明确队员的角色分工。

三、案例导入

创业团队如何逃脱"毕业即散伙"魔咒[①]

武汉一高校大学生创业者李军（化名）曾在身边看到过"毕业即散伙"的例

---

① 刘振兴，杨洁．创业团队如何逃脱"毕业即散伙"魔咒. (2019-08-02)[2022-11-14]. http://edu.people. com.cn/n1/2019/0802/c1053-31271390.html.（内容有修改）

子：在公司隔壁，一位同城"985"高校学生创业者带着团队打拼了 3 年，从创业孵化器搬到了光谷大厦，公司已有 10 余名员工。

临近毕业时，创始人接到了一家世界 500 强企业的年薪 60 万元的邀请，决定离开公司。主心骨一走，公司不到 1 个月就解散了。隔壁办公室到现在还堆着他们未拿走的杂物。

记者采访多位创业导师时，他们都近乎一致地认为："创业大学生毕业散伙的现象极为普遍。这些诞生于象牙塔里的学生创业团队，在'大鱼吃小鱼'的市场竞争中难以扎根成长，历经挣扎，毕业季反倒成为压垮他们的最后一根稻草。"

创业热潮在校园涌动，创业追梦背后更需冷静思考：中国大学生合伙人如何实现从校园到社会的"生死跨越"，从而在社会上站稳脚跟？

武汉理工大学创业学院首任院长赵北平建议，大学生创业要事前定好游戏规则。在股权、表决权的设计上制定相应的规章制度，确定核心人物，把握企业管理的规律，形成较成熟的企业架构，从而维系创业团队的运转。

在大陆、台湾两岸青年创新创业论坛中，台湾中华大学创新育成中心资深经理许文川曾说："鼓励大学生创新创业并不是鼓励大学生一个人创业。如果大学生一个人创新创业非常辛苦，那么要鼓励团队创业，尤其是鼓励学生跨系、跨学院组建团队，提高创新创业资源互补性与抗挫折能力。"

他举了个例子，如在有的高校创新创业团队中，有人是学商业管理的，对财务比较敏感；有的是机电学院的学生，对技术比较精通；还有的来自管理学院、人文学院等，要让每一个学生的专业能力在创新创业中得到充分发挥。只有每名大学生都知道自己的长处与短处是什么，在一个团队中所有的短处才有可能变成长处。

那么在团队作战中，如何增强大学生创业合伙人的凝聚力？

华中师范大学创业导师丁玉斌认为，关键在于主创大学生的管理智慧。这要求大学生管理者既要具备较强的领导能力，还要有团队建设能力。掌舵人需具备的业务能力、财务能力以及社交能力是在书本上学不到的，这需要创业大学生拥有足够的信心，社会也有足够的宽容，让他们在试错中摸索与学习，与团队合伙人共同成长。

思考一：你认为影响一个团队好坏的因素有哪些？

思考二：提升团队战斗力的主要途径有哪些？

相信完成本节课的学习之后，你会对以上问题有更深刻的认识。

第二节 线上学习

一、优化团队第一步——树立信念

坚定的信念，是团队强大的首要战斗力来源。有着"神奇教授"美誉的朱利安·泰普林教授[①]和他的研究团队跨度 20 年，通过一万多个研究样本，提出了一个关于优化创业团队的模型，叫做"团队建设金字塔"。这个金字塔由信念、情商、组织三层要素搭建而成，其中，信念是位于这个金字塔塔尖的部分，对创业团队起着引领作用。

扫描二维码在线学习"创新基础与创业实践方法"3.4 提升创业团队的信念

二、优化团队第二步——提升情商

情商位于创业团队金字塔的中间层。这是在信念之后，团队综合能力评价的第二个层级。情商在团队中既起到了内部连接作用，又起到了外部沟通作用。情商使团队内部的环境和人际关系更融洽、更和谐，有利于做出团队共同支持的决策。情商对于团队外部扩展连接作用同样重要，情商是连接团队和市场的重要桥梁，决定着创业团队占领市场的可能性。

扫描二维码在线学习"创新基础与创业实践方法"
3.5 情商与团队建设中的情感认同

三、优化团队第三步——组织建设

组织建设虽然在最后一层，但是起着基石的作用。组织建设是指团队中根据成员的特长和能力，建立制度，进行分工，通过监督机制、激励机制等，让团队成员的智慧和行动紧紧结合起来。组织建设的要点在于建章立制，有了明确的规

[①] 朱利安·泰普林，Dr. Julian Taplin，美国俄勒冈大学教授，哈佛大学教授，成都市荣誉市民，多年从事心理研究。

定，才能约束团队成员在组织中扮演好自己的角色。

扫描二维码在线学习"创新基础与创业实践方法"3.6 创业团队的组织建设

四、案例解读

"诸葛亮团队"对现代企业建设高效团队的启示[①]

三国时期，诸葛亮先生是"刘氏集团"高层管理团队的一员和建设者，更是这个集团中、低层及其他各种团队的建设者，他所建设的"刘氏团队"有共同的远景目标，互相信任、忠诚，有凝聚力，交流畅通。从诸葛亮与"刘氏集团"的团队建设看，既有经验，又有教训，那么，如何塑造高绩效的团队？

一、构建合理的团队成员结构

团队不成功的原因之一在于具有不同才能的人搭配不当，导致在某些领域投入过多，而在另一些领域投入不够。优秀的团队建设者常常细心地不断鼓励不同个体间的协同共事，以及他们之间开放的交流和沟通，目的是激发个体差异的存在。

二、设定具体、统一的目标

"刘氏团队"从草创到三分天下有其一，从三五人到数千人再到数十万人，共同目标的支撑、指引和作用功不可没，共同远景目标对于一个团队有着巨大指导和鼓舞作用。

三、需要良好的沟通

群体成员通过畅通的渠道交换信息，包括各种言语和非言语信息。管理层与团队成员之间健康的信息反馈也是良好沟通的重要特征，有助于管理者指导团队成员的行动，消除误解。关羽败走麦城，刘备要东征为弟报仇，赵云直谏，刘备不听，最终诸葛亮苦谏也未能劝住刘备，刘备最终落得命殒白帝城。"刘氏团队"的沟通出现了问题，信息不能及时地反馈，导致了"刘氏团队"的失败。

案例解析：团队建设是一项控制难度很大、实践性很强的工作，出现偏差在所难免，只有坚持以人为本的原则，勤于探索，注重实效，大胆创新，才能够走出各种形式的误区，从而真正培养出团队的凝聚力和向心力，形成一支高效团队。

[①] 张晓慧，张在旭，宋杰鲲，等. "诸葛亮团队"对现代企业建设高效团队的启示. 现代管理科学，2008（2）：29-30.（内容有修改）

第三节　线下学习

课前准备

请教师在中国大学慕课平台发布签到、练习题、讨论内容。
请学生上课前完成签到，下课前完成练习，下课后完成讨论。

一、课程知识

（一）"团队建设金字塔"

朱利安·泰普林是一名心理学家，俄勒冈大学教授，他有着"神奇教授"的美誉。同时，他还是一名优秀的创业指导老师，在中国帮助过许多小微企业。"神奇教授"朱利安·泰普林教授和他的研究团队跨度 20 年，通过一万多个研究样本，提出了一个关于优化创业团队的模型，叫做"团队建设金字塔"。

在和孙威老师出版的专著《创业其实并不难——创业人员心理和技术辅导》一书中，他们阐述了这个优化创业团队的模型——"团队建设金字塔"（图 9-1），这个金字塔由三个要素组成：信念、情商、组织。[①]

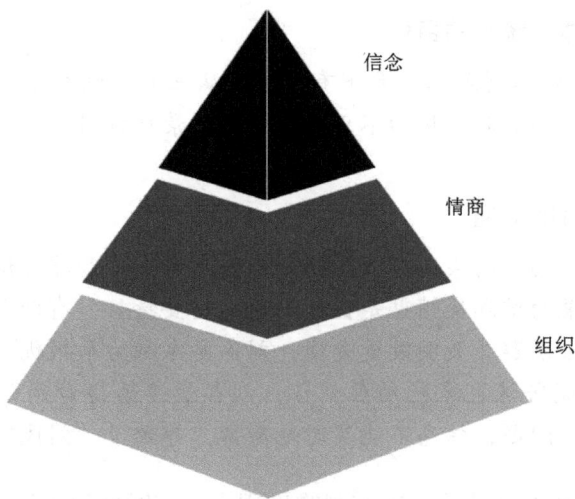

图 9-1　"团队建设金字塔"

[①] 朱利安·泰普林，孙威. 创业其实并不难——创业人员心理和技术辅导. 张祥荣，译. 北京：科学出版社，2008：78.

（二）树立信念

在形容一个优秀创业者的品质时，往往进入脑海中的第一个词语是坚定的信念。信念一词，在心理学中的概念是这样阐述的：信念是坚信某种观点的正确性，并用来支配自己行动的个性倾向性，是认识和情感的"合金"。通俗一点说，信念是一种心理动能，能通过激发士气的方式来发掘人们的潜能，进而实现与其欲望相应的行为志向。没有信念，人们就不会产生意志力，更不会去积极主动作为。因此，信念对于团队建设的作用至关重要，起到了引领成长的作用。

1. 信念的作用

信念的第一个重要作用，是在团队内部，能够以统一的团体意志，影响个体行为，将每个人的行动目标与整个团队的行动目标进行统一。

信念的第二个重要作用，在于团队对外接触中，能够传递团队的建设理念，这种理念会影响到企业的产品或服务，从而获得外界的认可。一个好的创业团队，传递给外界的印象一定是这样的选择是共赢的，争取市场的过程一定是消费者认可、合作商满意的，而打动他们的关键就在于团队信念。

没有信念，则无法将团队个体整合在一起，更无法向外界传递企业的文化和理念。所以，测量团队的组建效果，首先应该以信念作为切入点进行评价。

2. 信念的测量维度

第一，从团队内部进行评价，看信念是否能使个体工作服从于整体需要，这种默契度越高，则信念达成度越高。

第二，从团队外部进行评价，看信念是否给团队灌输了气质，使每名成员在和外界的接触中，都能够代表团队本身，而不仅仅限于团队创始人，这种统一度越高，则信念达成度越高。

3. 如何提升创业团队的信念

第一，树立远大的目标。如果一个团队的目标是短期逐利型，必然无法形成信念。

第二，建立详细具体的规划。"合抱之木，生于毫末；九层之台，起于累土；千里之行，始于足下。"任何远大的目标都需要脚踏实地地去完成，如果仅有远大的目标而没有切实可行的方案，时间一长就成了海市蜃楼，所以远大理想和具体规划一定是相辅相成的。

第三，提升团队整体自信。从短板理论上看，木桶能够装多少水取决于最短的一根木头。"千里之堤，毁于蚁穴"，团队有强大的领导，同时也需要及时发现信心不足的成员，用其他成员的创业激情去影响和帮助他们。

（三）提升情商

情商（emotional quotient，EQ），在"团队建设金字塔"中起到承上启下的作用，相当于建筑物的顶梁柱，为什么该要素如此重要呢？因为情商作为一种可测量系数，与人际关系和情绪环境的稳定性成正比关系，创业团队都应该努力去营造情感认同度高的氛围。情商是个体生存需要必备的能力，包含五方面：①认识自身情绪的能力；②妥善管理情绪的能力；③自我激励的能力；④认知他人情绪的能力；⑤人际关系的管理能力。

1. 情商的作用

情商对于建设团队的内部作用在于，在团队成员之间进行连接、沟通和协调，使团队内部的环境和人际关系之间更融洽、更和谐，这样有利于做出团队共同支持的决策。

情商对于团队外部扩展连接的作用同样重要，如果将团队视为一个人的话，那么情商越高的人，他的人际交往圈也更大，和真实生活中一样，交际圈越大，团队的理念被推送的范围越广，新动作的被关注度越高。

2. 情商的评测维度

从团队内部来看，每一个团队成员是否都能够进行有效的信息交换。

从团队外部来看，在和外界接触中，团队是否能够迅速展开并保持住营销圈。

3. 如何优化创业团队的情感认同

第一，从我做起，勇担责任。初创团队不同于成熟企业，基本会面临人手非常短缺的情况，很多工作需要互相补位，我们可以主动帮其他成员多分担一些责任。

第二，从细节做起，解决隐患。团队的初创期易陷入高强度的工作状态，事情一多，人就会陷入疲劳，犯点小错很正常。但是，如果总是出问题也难免会在团队成员中间出现埋怨的情绪，所以，工作中一定要关注到细节，善用闹钟、笔记本、备忘录等工具，尽可能将隐患处理掉。

第三，有同理心，关心他人。每个团队成员管理好自己固然不错，但更可贵的是主动关心其他成员，帮助他们解决问题，尽可能站在别人的角度，体谅别人的难处，这样才能营造出互利互助的团队氛围，扫除团队中本不该存在的沟通壁垒、情感障碍。

（四）组织建设

人的个体差异性是客观存在的，要将不同的差异个体整合在一起运作，就需要强化组织建设，优秀的组织能充分发挥个体作用，使团队实现 1+1>2 的效果，而优秀的团队离不开优秀的管理者。优秀的管理者要会识人用人，通过组织建设让每一位成员在团队中发挥积极的作用，这也是推动创业的重要环节。组织建设的要点在于建章立制，有了明确的规定，才能约束团队成员在组织中扮演好自己的角色。

如何加强团队的组织建设：第一，具有明确的规章制度。俗话说"没有规矩，不成方圆"，只有每个团队成员按照既定的规章制度行事，才能将工作更有序地开展。

第二，明确清晰的工作职能。有效团队的成员必须在清楚的组织架构中有清晰的角色定位和分工，团队成员应清楚地了解自己的定位与责任。明确的分工使全体成员行动一致，按照规定的程序和方法，把个人的技能与团队的智慧、力量紧紧结合起来。

第三，制定可视化的长期和短期目标。创业成功的定义是：达成预期的目标。这个目标应该是特定的、具体的、可实现的。确定好目标后制定计划并投入行动。每一个目标的实现都需要舍弃一些享乐时间，因为目标的实现需要我们投入大量的时间、精力甚至财力。[①]

第四，执行严格的纪律。纪律是胜利的保证，只有做到令行禁止，团队才会战无不胜。

二、课堂拓展

拓展一

《创业其实并不难——创业人员心理和技术辅导》[②]

《创业其实并不难——创业人员心理和技术辅导》（图 9-2）是中美创业培训专家和心理学专家在实践的基础上合作研究的课题成果。中美专家们在总结东西方创业心理学研究成果的基础上，结合中国的创业现状，经过与政府的合作，探索出了一套针对性和实用性都很强的创业心理辅导方法。通过对众多真实创业案例的分析，《创业其实并不难——创业人员心理和技术辅导》从创业是出路，创业其实并不难，我能创业，我创业我快乐四个方面给广大想要自主创业的人员提供了一套具有启示性、解惑性和可操作性的创业心理辅导方法。

---

① 朱利安·泰普林，孙威. 创业其实并不难——创业人员心理和技术辅导. 张祥荣，译. 北京：科学出版社，2008：110-115.

② 《创业其实并不难——创业人员心理和技术辅导》是 2008 年科学出版社出版的图书，作者是朱利安·泰普林和孙威。

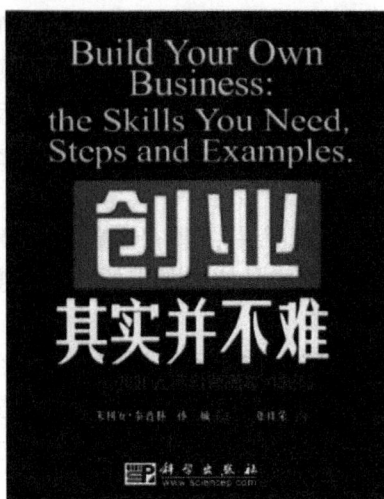

图 9-2 《创业其实并不难——创业人员心理和技术辅导》

拓展二

向谷歌学习持续创新[①]

谷歌（Google）自 1998 年成立以来，在 9 年的时间里，在变化迅速、需要不断创新的互联网产业中，发展成了一个市值超过 1 000 亿美元、拥有 7 000 名员工的企业。通过以下两个方面，我们可以看到这个庞大"创新永动机"的一角。

营造轻松愉快的创新环境。

风景如画的硅谷山景城，是谷歌的总部所在地，在这个像游乐园一样的办公室里，巧克力、懒人球以及巨型积木随处可见，往来于办公室之间的员工骑乘着电动滑板车，甚至有些宠物狗也穿梭其间，看上去其乐融融，根本不像是一个高速运转的科技公司。在谷歌，工作就是生活，轻松愉快的工作环境成为创新意识的孵化器，造就了无穷的创造力。

形成灵活高效的工作方式。

创新的意识还源自灵活的小团队工作方式。"将有智慧、有激情的员工针对关键问题，分成 3～5 人的小团队，扁平化的组织，以海量的计算资源和数据作为支持，同时允许工程师抽出 20%的时间，根据兴趣确定自己的研究方向。"这是谷歌组织结构的基本原则。正是这种小团队工作方式，实现了谷歌著名的"自下而上"的创新。这种创新方式给谷歌带来了很多新奇的点子，带来了新鲜的创意和活力。

---

① 佚名. 向谷歌学习持续创新. 化工管理，2008（1）：93-94.（内容有修改）

三、随堂检测

（一）单选题

1. 测量团队的组建效果应该以_____作为切入点，选择_____两个维度进行测量。（ ）

A. 气氛；团队外部和内部 B. 信念；团队外部和内部
C. 信念；下属和领导 D. 气氛；下属和领导

2. 在团队金字塔中（ ）起到承上启下的作用。

A. 信念 B. 自信
C. 组织 D. 情商

3. 组织建设的要点在于（ ）。

A. 建章立制 B. 关系融洽
C. 各有所长 D. 薪资均衡

4. 提升创业团队理念的首要任务是（ ）。

A. 建立详细具体规划 B. 树立远大的目标
C. 提升团队整体自信 D. 确定管理者信念

（二）多选题

5. "团队建设金字塔"包含哪几个方面？（ ）

A. 能力 B. 情商
C. 组织 D. 信念

6. 一个好的团队的组织建设是怎样的？（ ）

A. 具有明确的规章制度
B. 明确清晰的工作职能
C. 制定可视化的长期和短期目标
D. 执行严格的纪律

（三）判断题

7. "团队建设金字塔"是由熊彼特提出的。（ ）

8. 初创团队因为处于开始阶段，所以不允许出现工作犯错。（ ）

9. 制定目标的时候要尽可能让团队接受，不能太过天马行空。（ ）

10. 严格的纪律要求所有人都要绝对遵守，不能轻易变化或改动。（ ）

第四节 课堂互动

一、小组讨论：用金字塔理论分析创业团队

讨论 10：请列举一个好的创业团队，并使用"团队建设金字塔"理论深挖该团队成功的原因。

二、课堂作业：测试与分工

作业 9：团队信念测试

序号	测试题	分值					得分
		1	2	3	4	5	
1	团队成员对团队存在的信心程度。（不到 3 个月得 0 分，3 个月、半年、1 年、2 年、3 年及以上分别得 1、2、3、4、5 分。）						
2	团队成员有强烈的意愿，能够在极端条件下为团队工作。（如半年无收入，投入度越高，分值越高。）						
3	团队理念产生的方式很民主。（产生方式的民主程度越高，分值越高。）						
4	团队理念还需要很大的改进。（越不需要改进，分值越高。）						
5	将创业团队的理念传播出去，并进行调查，至少收集 50 份调查表，进行整理统计。（按照认同百分比，认同度越高，分值越高。）						

作业 10：团队情商测试

请团队各成员进行下面的测试。

1. 内部讨论机制测评（客观反映团队每个成员意见的被尊重程度）。请团队成员完成以下表格，将每个人的打分情况进行统计，并最终商议出一个团队内部普遍接受的讨论机制。

形式/得分（　）	频率/得分（　）	效率/得分（　）	评分标准
每个人都能充分发表意见，讨论非常民主	有固定的晨会机制；有应急处理机制	讨论时间不长，讨论充分，意见清晰	高（1 至 5 分）
固定人员发表意见，更倾向于工作布置会	无固定机制；无应急处理机制	讨论冗长，总是跑题，总是形不成最终意见	低（-1 至 -5 分）

2. 推销将要面世的产品/服务。说服一名顾客，并让其支付一定的预付款。记录下推销过程中的失败和成功经历，并以情商视角写下不少于 3 条心得。

完成第一次推销的用时	经历的失败次数	销售心得
		1. 2. 3. ……

作业 11：创业团队角色分工

企业愿景是：
CEO：谁担任，3 条理由。组内投票表决情况：赞成　票；反对　票；弃权　票。
CTO：谁担任，3 条理由。组内投票表决情况：赞成　票；反对　票；弃权　票。
CMO：谁担任，3 条理由。组内投票表决情况：赞成　票；反对　票；弃权　票。
COO：谁担任，3 条理由。组内投票表决情况：赞成　票；反对　票；弃权　票。
CFO：谁担任，3 条理由。组内投票表决情况：赞成　票；反对　票；弃权　票。

三、复盘总结

课堂心得

第五节　课后任务

一、教师任务

请教师下课前在慕课堂上发布公告，并点击下课；下课后在慕课综合评论区发布以下帖子。

请同学们完成第九章线上作业"提升改进创业团队！"，线上发帖与回复。

说明：每位同学在慕课综合评论区对创业团队的构建进行描述，明确角色分工及作用，每名成员以自我介绍的形式完成在团队中的角色说明。

二、学生任务

（一）线上回帖

完成第九章线上作业"提升改进创业团队！"，线上发帖与回复。

（二）线下预习

完成慕课"创新基础与创业实践方法"第十章"如何从 0 到 1 构建社群、如何从 1 到 N 运营社群"线上课程学习。

优质帖展示

示例一

CEO 小 S：①领导能力强，具有敏锐的洞察力和出色的组织领导能力，且思维活跃，决策果断；②经验丰富，参加过多个创新创业比赛，并担任负责人，有较多经验；③善于人际交往，性格开朗，人脉资源丰富。

CTO 小 C：①制定公司的技术战略，帮助公司做战略布局；②帮助公司搭建完善的技术体系，包括技术架构、人才培养体系、产品研发体系、安全体系、运维体系等；③搭建人才梯队，把高级、中级、初级的技术人才形成一个合理的比例；④具备广阔的技术视野、广泛的行业人脉，帮助 CEO 去拓展更大的商业版图，为企业提供更大的价值；⑤对业务敏感，关注数据，深入产业，洞察商机，引领企业的"第二增长曲线"，激活企业的创新能力，真正帮助企业实现基业长青；⑥具备技术领导力，技术领导力包括高效组织建设、人才培养、团队激励、创新能力等。

CMO 小 L：①清楚地认知我们产品应该面向的受众；②能充分收集所有信

息，对市场变化作出反应；③擅长把握机会，能快速、有效地实施计划。

COO 小 T：①具有较强的效率意识，具有快速的执行能力，既能保证自己的做事效率，也能带领团队高效工作；②能够了解每个团队成员的特征，善于沟通，在人际交往时变通灵活，能管理好团队成员；③涉猎广，了解市场。

CFO 小 F：①对数字有高度敏感性，能从枯燥的数字中敏锐地捕捉和嗅出经营中的不和谐音；②具有谦逊品质，易获得更多的资源或照顾，能够多倾听别人和别的部门的看法；③灵活又有原则，能够抵制同仁和外界的诱惑，同时坚持和遵循国家的法规制度。

——成都理工大学创新创业教育翻转课堂第 8 期 02 班第 3 组

示例二

CEO 小 Y：首席执行官，是在一个企业中负责日常事务的最高行政官员。①具有良好的组织及协调能力；②责任感强，敢闯敢拼；③管理能力不错。

CTO 小 X：首席技术官。①性格耐心，在设计方面有一定想法；②在绘画方面有一定基础，对于海报等的完成有一定的优势；③对团队的想法有整合能力，以便完成的结果比较符合团队想法。

CMO 小 L：首席营销官。①对寻找市场机会有敏锐的嗅觉；②及时、准确地向企业的各个部门传递市场及企业的要求，做好信息沟通工作等，需要较强的统筹能力和上下协调能力；③性格外向开朗，擅长与人打交道。

COO 小 W：首席运营官。①办事认真严谨；②精力充沛，可以承受较大工作压力；③管理能力要求高，需要管理、协调市场部和技术部工作，确保公司经营系统整体功能的发挥，对重大问题上报总经理裁决。

CFO 小 H：首席财务官。①性格安静沉稳，做事认真仔细；②在财务核算方面有一定的学习基础，善于对团队事务进行财务上的规划；③与其他部门人员协作的能力强；④遵纪守法，讲道德。

——成都理工大学创新创业教育翻转课堂第 4 期 01 班第 6 组

第四篇　商业模式开发

　　上一篇锻炼了创业者们的战略能力，而在本篇中，战术能力将是重点。本篇将会考验各位创业者在拥有了正确的行进方向、合适的探险工具后，能否顺利克服路途中的重重阻碍，到达目的地。

　　第四篇内容围绕"商业模式开发"，按照价值主张与社群、商业模式画布、商业计划书撰写与路演的逻辑顺序层层解决项目落地的问题，帮助创业者完成项目与公司注册。

第十章　价值主张与社群

第一节　学习导航

一、思维导图

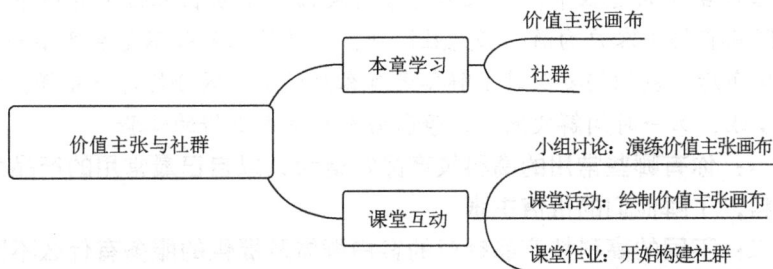

二、学习与提升

1. 认知层：了解价值主张和社群的相关概念，明白创业者应该做到高瞻远瞩，成为行业的领跑者。

2. 能力层：基于团队的价值主张，发挥社群的三大核心功能，打造高质量社群。

3. 实践层：对未来市场竞争趋势做出阶段性预测之后，明确团队价值主张，掌握从 0 到 1 构建社群和从 1 到 N 运营社群的战术并且动手实践。

三、案例导入

小米，让客户深度参与[①]

2019 年 4 月 17～19 日，由中国质量协会主办的"全国质量技术大会暨第十六届全国精益六西格玛大会"在浙江绍兴召开。各地方相关推进组织及实施六西格玛管理的优秀企业、专业机构共同参与，讨论国内外领域内前沿研究，总结创

---

① 环球网. 依托互联网基因，小米客户深度参与品质管控全流程. (2019-04-22)[2022-11-14]. https://baijiahao.baidu.com/s?id=1631507565832043899&wfr=spider&for=pc.（内容有修改）

新成果。小米集团副总裁、质量委员会主席颜克胜受邀参加并发表"互联网+赋能质量管理"主题演讲，全面剖析产品观及方法论。小米利用互联网基因，让米粉深度参与品质管控全流程，持续创新，倡导让全球客户都能享受到高品质产品带来的卓越体验的质量愿景，用产品赢得客户信赖。

据了解，六西格玛管理是一种改善企业质量流程管理的技术，以零缺陷的商业追求，带动质量成本大幅度降低，最终实现财务成效提升，增强企业竞争。目前该理念已被企业广泛认可并持续推广。小米集团副总裁、质量委员会主席颜克胜在本次会议于 4 月 18 日下午的"制造业质量技术与效益学术"研讨会上提到，小米自创业以来，之所以能取得不俗成绩，离不开小米硬件+新零售+互联网"铁人三项"创新模式。一直以来，小米坚持做感动人心的好产品，想要做到这点，就必须保证产品高品质、远超客户预期，同时还要坚持价格厚道。

在与客户互动的过程中，小米坚持倾听反馈。小米在社区上开设不同专区篇章，开发团队直接与客户沟通。颜克胜谈到："质量工作并不是在产品一上市就完结，产品发布后，我们仍要及时了解各渠道客户评论，区分好评与差评，及时发现与竞品的差距，第一时间解决问题，争取给客户带来更好的体验。"

思考一：你有哪些常用的高科技产品？请大家以自己最常用的产品为例，查阅相关资料，了解他们的价值主张。

思考二：不同的高科技产品针对的客户群体及提供的服务有什么不同？

相信完成本节课的学习之后，你会对以上问题有更深刻的认识。

第二节　线上学习

一、如何从 0 到 1 构建社群

社群是由一群拥有相同兴趣和爱好的人组成的。如果信息没有吸引点，那么社群就没有特点，也就不具备吸引力。社群营销着重考虑的是社群本质上的吸引性，当然还需要学会运营、互动、线下线上联动。掌握好社群运营的方式方法才能对社群营销起到关键性的帮助。本节课程将带你学到"社群构建方法"，可以帮助创业者对社群创业这种新兴的商业模式有更深刻的认识。

扫描二维码在线学习"创新基础与创业实践方法"4.1 如何从 0 到 1 构建社群

二、如何从 1 到 N 运营社群

社群的建设和经营必须时刻保持着社群成员的兴趣点。每个社群都应该发挥出自己独有的特色，从社群客户的共同需求点出发和考虑。本节课程将带你了解"社群运营方法"，以期在建立社群之后，社群能成功地运营起来，发展壮大。

扫描二维码在线学习"创新基础与创业实践方法"4.2 如何从 1 到 N 运营社群

三、案例解读

案例一

中国高铁携手漳州水仙花，助推文旅融合[①]

1 月 15 日，漳州水仙花高铁列车线上冠名首发仪式在厦门北站隆重举行。10 时 07 分，列车缓缓驶离厦门北站，这也代表这张"国家名片"将成为展示漳州水仙花形象的新平台。

通过中国铁路 12306 大数据平台，以乘客订单确认信息（微信）、行程服务信息（彩信）、列车发车提醒（微信）为载体，将福建省省花、漳州市市花——水仙花的摇曳之姿，通过图片、文字和超链接内容页面，全面展示给全国多地的旅客，彰显"凌波仙子"的活力，凸显漳州城市特色，这是"漳州品牌"与"中国速度"的完美结合。

水仙花公司与中国铁路 12306 平台的合作，是"漳州水仙花"IP 搭载高铁机遇的东风，是以大数据为基础精准营销的有力举措。这次合作将在漳州高新区文化旅游资源、服务同旅客需求之间实现完美对接，更有利于深入挖掘地方特色文旅资源，加快发展全域旅游，激发旅游经济新活力，加速文旅产业融合发展，实现漳州高新区文旅经济新增长，最终实现双赢。

案例解析：搭载高铁机遇的东风，水仙花公司实现了价值主张与社群的完美结合，不仅带给旅客美的体验，同时促进了当地文旅经济新增长，实现了双赢。

---

① 经济网. 中国高铁携手漳州水仙花，助推文旅融合. (2022-01-17)[2022-11-14]. http://app.ceweekly.cn/?action=show&app=article& contentid=373050&controller=article.（内容有修改）

案例二

打造绿色低碳园区 "新样本"①

2022 年 1 月，万华化学总部光伏项目（一期）顺利并网发电，该项目充分利用总部的太阳能资源，以分布式光伏发电实现办公区的绿色用电，打造绿色低碳园区 "新样本"。

万华化学总部光伏发电项目位于研发楼的屋顶，共分为两期。其中，一期项目共分 7 栋楼安装，可实现总装机面积 7 050 平方米，装机容量 705.6kWp，年均发电量可达 84 万度，可节约标煤约 110 吨，减排二氧化碳约 520 吨。两期项目全部建设完成后，总装机容量可达到 3 810kWp，年均发电量 434 万度，每年可减排二氧化碳约 2 700 吨，这将极大降低资源消耗和碳排放，助力万华化学打造 "低碳" "零碳" 园区。

万华化学积极布局集中式光伏、风力发电等清洁电力，总部光伏发电项目对推动光伏行业绿色发展更是具有积极意义，以此示范性项目为基准，所有万华人将以 "双碳减排" 为共识，利用一切可行资源助力碳中和目标早日实现。

未来，万华化学将继续围绕循环低碳发展的主旋律，进一步优化可持续发展的绿色能源结构，携手更多志同道合的 "双碳" 者践行低碳发展理念，敲响人与自然和谐共生之音。

案例解析： 万华化学在 "双碳" 政策背景下，致力于打造绿色低碳园区，围绕循环低碳发展的主旋律，将自身的价值主张与国家政策相结合，适应可持续发展道路，由此可以看出价值主张对生产行为的指导作用。

第三节 线下学习

课前准备

请教师在中国大学慕课平台发布签到、练习题、讨论内容。
请学生上课前完成签到，下课前完成练习，下课后完成讨论。

---

① 经济网. 万华化学：打造绿色低碳园区 "新样本". (2022-01-14)[2022-11-14]. http://app.ceweekly.cn/?action=show&app=article& contentid=372922&controller=article.（内容有修改）

一、课程知识

（一）价值主张画布

价值主张为某一客户群体提供能够创造价值的产品和服务，即对客户真实需求的深入描述。

价值主张画布由客户概况图和价值图组成。

1. 客户概况图[①]

客户概况图阐明你对客户的理解（图 10-1）。

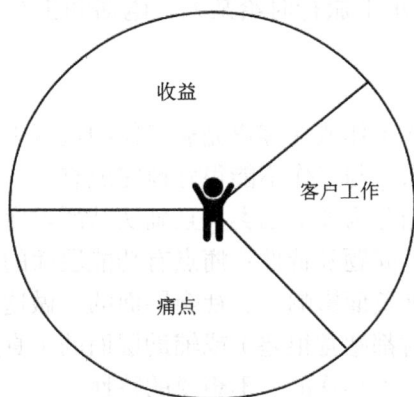

图 10-1　客户概况图

客户概况图用来显示什么对客户是重要的。首先详细说明客户工作、痛点和收益。其次用一页篇幅的可行性文件来向组织汇报客户概况，以达成对客户概况的共识。最后使用记分板跟踪以确定哪些假定的客户工作、痛点和收益是真实存在的。

1）客户工作

客户工作是指客户在工作或生活中正尽力完成的事项。客户工作可能是客户正在进行的工作或正在尽力解决的问题。

识别以下客户要完成的工作并确认其重要性：①功能性工作。你的客户试图执行、完成特定的任务或解决特定的问题，比如修草坪，饮食健康，写报告等。②社会性工作。你的客户想看起来气色好或有威望、有地位，比如作为面试者想让人感觉非常专业、干练。③个人/情感性工作。你的客户寻求特定的感情依托，比如作为投资者寻求内心的平静，或在工作场所获得职业安全感。④支持性

① 亚历山大·奥斯特瓦德，伊夫·皮尼厄，格雷格·贝尔纳达，等. 价值主张设计：如何构建商业模式最重要的环节. 余锋，曾建新，李芳芳，译. 北京：机械工业出版社，2015：12-25.

工作。客户也会从消费者及专业人员方面做一些采购和消费价值领域方面的支持性工作，这些工作来自以下三方。价值购买方：与购买价值相关的工作，如报价对比，决定买哪类产品，准备结算、完成购买或接收所购买的产品或服务。价值共同创造者：与你的组织共同创造价值的工作，比如发布产品评论及反馈或参与产品及服务的设计。价值转移者：价值主张产品周期末端的相关工作，比如取消订购，报废产品，将产品转移或转卖。

注意，在进行此项调查时，请务必从客户的角度进行分析。从你的视角去分析你所认为重要的很可能未必是客户实际正尽力完成的工作。另外，客户工作的开展常常基于他们所处的特殊背景而进行。这些背景情况可能会存在某种约束或限制。例如，你在火车上旅行时给某人打电话和正在开车时给某人打电话是不同的。

2）痛点

痛点在妨碍客户完成工作或在客户完成工作的过程中产生。痛点也是风险，换言之是潜在的不良结果，与工作不能很好地完成有关。

本教材试图将痛点划分为如下三类并且确认其严重度。

（1）不想要的结果、问题及特性：痛点有功能层面的（例如，一个方案不起作用，运行不好或有其他负面影响）、社会层面的（做这事看起来不好）、感情层面的（每次我做这事时都感觉很差）或辅助层面的（真烦人，每次要为此去仓库）。这可能会牵涉客户不喜欢的、不想要的特性。

（2）障碍：妨碍客户开始工作或使工作放缓的因素（例如，我没有时间精确地来完成此项工作，或我无力承受现在的任何一种方案）。

（3）风险（不想要的潜在结果）：可能导致错误及重大负面后果的事（例如，当使用此类方案时，我可能会失去信誉，或安全漏洞对我们来说是灾难性的）。

注意，将客户工作、痛点、收益区分清楚，并尽可能地具体化。例如，当客户说"在线等待是浪费时间"，需要跟踪了解具体到多少分钟的等待时间后，客户感觉是在浪费时间。以这种方式，你能备注"在线用掉……分钟是浪费时间"。当你了解如何准确测量痛点的严重度时，你才能在价值主张中更好地设计痛点缓释。

以下问题清单能帮助你考虑不同的潜在痛点：

（1）在怎样的情况下，你的客户会认为太过昂贵？在怎样的情况下，你的客户会认为花费太多的时间，花费太多的金钱或需要大量的努力？

（2）什么会使你的客户感觉不好？什么会使他们感到受挫、烦恼或什么是他们头痛的事？

（3）现在的价值主张表现得如何不佳？哪些特性没有把握住？是否有惹恼客

户的一些运行问题或客户列举的功能性失效？

（4）客户所遇到的主要问题和挑战是什么？他们是否理解如何运作、完成某事所面临的困难或抗拒某项工作的特殊原因？

（5）你的客户正面临或担心什么负面社会影响？他们担心失去面子、权力、信任或地位吗？

（6）你的客户担心什么风险？他们担心财务、社会或技术风险吗？他们正反省什么做得不正确吗？

（7）什么困扰你的客户使其夜不能寐？什么是他们最大的问题、关注点或感到焦虑的事情？

（8）你的客户通常会犯什么错误？他们对错误采取解决方案了吗？

（9）是什么障碍阻止你的客户采用价值主张方法？是否有前期投资成本、高昂的学习代价或其他阻碍？

3）收益

收益描述客户想要的结果或效益。有些收益是客户所需要、期望或渴望的，有些是令他们惊讶的。收益包括功能效用、社会收益、积极情绪及费用节省。

识别四种类型的收益并且确认其必要性。

（1）必需的收益：在解决方案中，如果没有此项收益，整个方案都不能运行。例如，我们对智能手机最基本的期望是我们能用其通话。

（2）期望的收益：此项收益在解决方案中相对来说是基本的收益，无此项收益也会影响整个方案的运行。例如，在苹果手机出现后，我们不再希望在手机上设计太多的按键。

（3）渴望的收益：此项收益指的是远远超出客户期望，但人们非常喜欢的一些收益。即你在向客户了解有关情况时，他们通常会提出的一些想法，例如，他们希望智能手机能与其他电子消费无缝衔接。

（4）意外的收益：此项收益指的是远远超出客户预期及渴望的一些收益。即你在向客户了解情况时，他们不会提出的一些想法。在苹果公司推出触摸屏并使其成为苹果专卖店的主流产品前，没人想到触摸屏能成为手机的一个组成部分。

注意，最好能将收益尽可能地具体化，以清晰地区分客户工作、痛点及收益。当一位客户指出要以"更好的表现"作为其渴望得到的一个收益时，你要继续跟进了解他希望或梦想达到的程度。这样你才能对此注明："希望将表现提升到超越……"。当你理解如何准确评估收益时，你才能在价值主张中设计更好的收益图。

以下问题清单将有助于你考虑不同的潜在收益：

（1）哪类节约会使你的客户满意？时间、金钱或是花费的精力？

（2）他们希望哪个级别的质量水平？他们希望级别高些或是低些？

（3）客户非常满意现在的价值主张吗？他们最喜欢哪个特别的特性？他们希望什么样的表现和质量？

（4）怎样会使客户的工作或生活更加轻松？这是否学习起来更轻松，是否能提供更多的服务，是否有更低的经营成本？

（5）客户希望得到怎样积极的社会影响？怎样能让他们看起来更好？怎样能提升他们的权力和威望？

（6）客户最迫切寻求什么？他们正在探求好的设计、保障、特殊性或更多的特性吗？

（7）客户梦想得到什么？什么是他们渴望得到的或什么能让他们感到极大的愉悦？

（8）客户如何衡量成功和失败？他们如何评估表现和费用？

（9）如何能提高客户采用价值主张的可能性？他们希望更低的费用、更少的投资、更低的风险或更好的质量吗？

绘制客户概况图的最佳实践如下六点。

（1）为每一个客户群绘制一张价值主张画布。如果你面对的客户是公司，回顾一下在每一家公司内是否有不同类型的客户（使用者、购买者）。

（2）客户工作是客户正尽力完成的事项、正尽力解决的问题或他们正尽力去满足的需求。反之，收益是客户想要获得的有形输出结果或想避免、排除的痛点。

（3）有时社会或情感工作甚至比有形的功能性工作更重要。"在他人面前看起来非常棒"，也许比找到一个有效完成工作的技术解决方案更重要。

（4）当你在描绘客户时，你应该像社会学家一样，忘记你所提供的东西。在确定价值主张时，跳出你想要或期望的客户工作、痛点及收益的限制。

（5）一份好的客户概况是内容丰富的。因为大部分客户都有很多痛点、希望及想要得到的收益。拟定出所有潜在客户的重要的工作、极端的痛点及基本的收益。

（6）使痛点、收益具体、有形。在收益点上，不应仅写"增加工资"，应详细说明客户希望增加多少。在痛点上，不应仅列出"花费太长时间"，而应具体指出"太长"是多长。这将使你准确了解客户如何衡量成功及失败。

2. 价值图

价值图描述你打算如何为客户创造价值（图10-2）。[①]

---

① 亚历山大·奥斯特瓦德，伊夫·皮尼厄，格雷格·贝尔纳达，等. 价值主张设计：如何构建商业模式最重要的环节. 余锋，曾建新，李芳芳，译. 北京：机械工业出版社，2015：28-39.

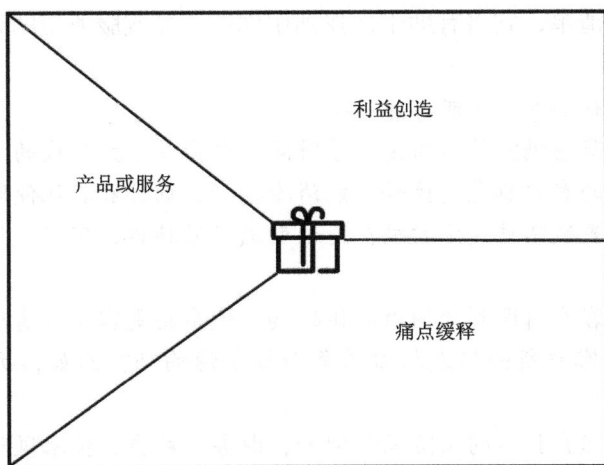

图 10-2 价值图

1）产品或服务

这仅是一份你所提供的产品或服务清单。这就像是客户在橱窗中所能看到的所有商品。这是罗列你的价值主张所基于的所有产品或服务项目。这些产品或服务项目能够帮助客户完成功能性、社会性或个人/情感性工作，或能够帮助他们满足基本需求。

产品或服务不能单独创造价值，只有当其与特定客户群及客户工作、痛点和收益相关联时才能创造价值，了解这点至关重要。首先，使用价值图明确你如何相信你的产品或服务能够缓解痛点和创造收益。其次，用一页篇幅的文件向你的组织沟通此价值图，以使他们了解你打算如何创造价值。最后，当你对客户进行验证时，使用记分板跟踪确认你的产品或服务是否能够真正缓解痛点和获得收益。

价值主张很有可能由各种不同的产品或服务构成：①有形的，如生产的产品；②无形的，如版权或售后服务；③数字的，如音乐下载或在线推荐服务等产品；④财务的，如投资基金、保险或商业融资服务。

很有必要知道，不是所有的产品或服务对你的客户而言都有相同的相关性。有些产品或服务对价值主张来说是必须的，而有些则仅仅是最好能有。

2）痛点缓释

痛点缓释描述你的产品或服务如何减轻特定客户的痛点，明确描述你如何避免或减少客户在完成一项工作时的烦心事。好的价值主张总是关注客户最重要的，特别是最极端的痛点。对于你在客户概况中识别出的每一种痛点，你未必都有必要想出相应的缓释方案。这是任何一个价值主张都不能办到的。好的价值主张总是关注能减少最极端的、有限的那几种痛点。

以下是问题清单，它将有助于你找到用你的产品或服务帮助客户减少痛点的不同方式。

自问自答：你的产品或服务能……

（1）能实现节省吗？该节省是关于时间、金钱或努力程度的。

（2）能使你的客户感觉更棒吗？能消除挫折、烦恼和其他使客户头痛的事。

（3）能解决表现不佳的方案吗？通过引进新的特性，实现更好的表现或提升质量。

（4）能解决客户所遇到的困难和挑战吗？使事物更容易或消除各种障碍。

（5）能消除客户所面临或担心的负面社会影响吗？例如，丢面子或失去权力、信任及威望。

（6）能消除客户担心的风险吗？例如，财务、社会、技术风险或其他潜在的导致错误的事项。

（7）能有助于客户安心睡觉吗？通过解决重大问题，减少客户的担忧或帮助客户消除烦恼。

（8）能限制或根除客户的常规错误吗？通过帮助客户使用正确的解决方案。

（9）能排除使客户不采用价值主张的障碍吗？能引进、降低或没有前期投资成本吗？能简便易学或排除客户采用的其他障碍吗？

痛点缓释或多或少地对客户都有一定的价值。请务必区分出哪些是必须要有的，哪些是最好能有的。前者常以极端的方式舒缓极端头痛的问题，创造巨大的价值。后者仅仅舒缓一般性的痛点。

3）利益创造

利益创造描述你的产品或服务如何创造收益。它明确描述了你打算提供给你客户的期望或使客户感到惊讶的结果及效益。它包括功能效用、成本节约和积极情感。由于痛点缓释的存在，利益创造无须提及在客户概况中识别出的每一种收益。关注与客户相关的并使你的产品或服务有所不同的方面。

以下是问题清单，它将有助于你在思考产品或服务如何帮助客户获得需要的、预期的、渴望的或未预料的结果及效益时拓展思路。

自问自答：你的产品或服务能……

（1）在时间、金钱及用功程度上实现节省，能愉悦客户吗？

（2）能给客户带来他们所期望的结果或超越他们的期望吗？通过提供更多或更少的事物来达到质量等级。

（3）能优于当前的价值主张及使客户高兴吗？有关具体特性、表现或质量。

（4）能使客户工作或生活更轻松吗？或更实用，或易于进入，或更多服务，或更低的购置成本。

（5）能创造积极的社会影响吗？通过使他们看起来更棒或提升权力及威望。

（6）正在做一些客户正在寻找的特殊事情吗？有关于产品设计、保障或其他更多的特点。

（7）能完成客户梦想的愿望吗？通过帮助他们实现抱负或在困苦中到慰藉。

（8）能得到与客户成功及失败标准相吻合的积极的结果吗？有关表现或降低成本。

（9）能使应用更简单吗？通过更低的成本、更少的投资、更低的风险、更好的质量、更多的功能或更好的设计。

与痛点缓释一样，利益创造能为客户或多或少地带来相关的结果或效益。务必将必须及最好能有的收益创造点区分开来。

绘制价值图的最佳实践如下四点。

（1）产品或服务只有当其与特定的客户群相关联时才能创造价值。对每一个特定的客户群，仅列举与其价值主张相关的那些产品或服务。

（2）痛点缓释及利益创造详细说明了产品或服务如何创造价值及有何特点。

（3）记住，产品或服务不能孤立地创造价值。它们总与客户工作、痛点及收益息息相关。

（4）伟大的价值主张是在那些客户工作、痛点及收益中进行取舍，决定哪些应关注、哪些应放弃。没有任何一个价值主张能顾及所有。如果你的价值图能做到的话，那很有可能是因为你未能将客户工作、痛点及收益罗列齐全。

3. 契合

当客户概况图和价值图相吻合时，两者之间实现契合（图 10-3）。[①]

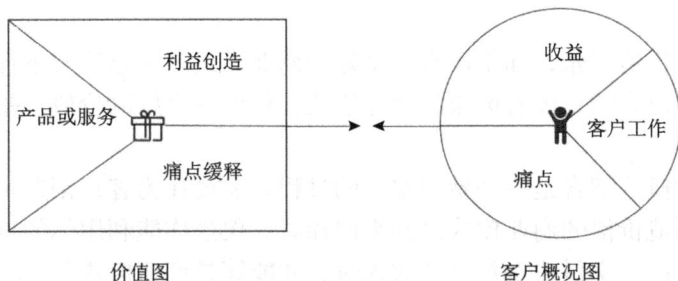

图 10-3　价值主张画布

寻找契合是围绕解决客户真正关心的客户工作、痛点和收益的产品或服务来进行产品价值主张设计的一个过程。公司提供什么和客户想要什么之间的契合度是成功的价值主张的最关键因素。

---

① 亚历山大·奥斯特瓦德，伊夫·皮尼厄，格雷格·贝尔纳达，等. 价值主张设计：如何构建商业模式最重要的环节. 余锋，曾建新，李芳芳，译. 北京：机械工业出版社，2015：42-49.

契合发生在三个阶段。第一个阶段是你相信自己的价值主张能解决你所识别出的客户工作、痛点和收益。第二个阶段是当客户对你的价值主张有积极反应，并且你的价值主张受市场欢迎。开始阶段称之为问题-方案契合和产品-市场契合。第三个阶段是当你找到可实现和可盈利的商业模式时。

1）问题-方案契合

问题-方案契合发生在：①有依据表明客户所关注哪些具体的工作、痛点及收益；②设计了一个能解决客户工作、痛点及收益的价值主张。

在此阶段，你尚未有依据表明客户正对你的价值主张感兴趣。

这是你努力识别客户最重要的工作、痛点及收益并进行相应价值主张设计时，你设想了多个价值主张以确定能产生最佳契合的价值主张。你获得的契合仅停留在书面上，尚未得到验证。下一步需证明客户对你的价值主张感兴趣或开始重新设计一个新的价值主张。

2）产品-市场契合

产品-市场契合发生在：有证据表明你的产品或服务、痛点缓释及利益创造能真正地创造客户价值，受市场欢迎。

在此阶段，你努力验证或否定价值主张潜在的假设。你将不可避免地了解到你早期的许多想法简直无法创造客户价值（例如，客户毫不在乎），需要设计新的价值主张。找到第二个阶段的契合是一个相当长的反复的过程。它不会在一夜之间完成。

3）商业模式契合

商业模式契合发生在：有证据表明你的价值主张一定能植入可盈利及可实现的商业模式中。

一个好的价值主张，如果没有一个好的商业模式，则意味着不理想的财务收益，甚至会导致失败。没有健康的商业模式，任何一个好的价值主张都不能最终获得成功。

寻找商业模式契合是一个费时费力的过程，需要在为客户创造价值的价值主张与为组织创造价值的商业模式之间来回探寻。仅当你能利用你的价值主张创造相比于产品生产、交付成本更高的收入时，才能算是商业模式契合。

（二）社群

1. 社群五要素[①]

社群是志同道合的人员聚集，也是连接信息服务内容和商品的载体。社群的构建需要以下五个要素。

---

① 秋叶，秦阳，陈慧敏. 社群营销：方法、技巧与实践. 2版. 北京：机械工业出版社，2016：12-19.

1）同好

同好就是对某种事物有共同的认可或行为，它是社群成立的前提。同好可以是某一个产品，也可以是某种行为、某种空间、某种三观等。

2）结构

结构包括成员、交流平台、加入原则、管理规范等。很多社群很快走向沉寂，是因为最初没有对社群的结构进行有效的规划，门槛群规规范了，社群才能做得长久。

3）输出

输出决定社群的价值，持续输出有价值的东西是考验社群生命力的重要指标之一。所有的社群成立之初都有一定的活跃程度，但是如果不能持续提供价值，活跃度慢慢下降，便大多沦为广告群。为了防止以上状况出现，好的社群一定要能为社群成员提供稳定的服务输出。

4）运营

不经过运营的社群很难有比较长的生命周期。一般来说，运营要建立"四感"：仪式感、参与感、组织感和归属感。通过运营这四感，一个社群才有规范，有质量，有战斗力和凝聚力。

5）复制

复制决定社群的规模。在"复制"之前，需要思考两个问题：①是不是真的有必要通过复制扩大社群规模？②是不是真的有能力维护大规模的社群？

复制不是一件呆板的事，而是综合了人力、财力、物力、精力等多角度综合考量之后的结果。

2. 社群的三大核心功能

社群的三大核心功能是兴趣焦点、沟通协作、商业变现（商业变现是通过商业途径达到变现的一种行为）。

其中，商业变现是指在聚集、沉淀客户的基础上，通过沟通模式和协作模式的创新，不断激活客户的参与度、连接度和信任感，盘活粉丝经济和分享经济。

商业变现是实现社群价值变现的基本模式。社群价值变现可以分为平台渠道和产业生态两个层面。在渠道价值链方面，渠道的价值主要体现在传统、导流、公关、交互四个方面，社群作为营销渠道，具有成本低、效率高、精准、传播快、时效久等优势。在产业生态价值链方面，社群可以低成本、高效率地实现行业资源的整合，打通产业链的上下游，实现从资源供应链、渠道方、竞争方到客户市场的多层级整合。

商业变现模式分两种：直接变现模式和间接变现模式。直接变现模式比如付费微信群，间接变现模式则是把社群作为媒体平台，用来维护粉丝关系，间接产生利益。

3. 九步打造高质量社群

很多高质量的社群，并不是看心情随意维护的，成功的社群运营也有章可循，可以归纳出以下九个方面。

1）了解客户入群诉求

我们首先要做的就是分析客户加入社群的目的，例如寻求帮助或者兴趣驱动。

2）明确群定位

社群定位可以从群名称入手，让人一看就知道这个群的性质，比如罗友会、米粉群等。

3）设置群门槛

设置群门槛的目的是筛选出高质量的群成员，留下精准的目标客户。

4）制定合理的社群规则

社群规则可以简单地归纳为：赏罚分明。通过群规则的引导，群内成员会自发地按照群规约束自己的行为，还会监督群违规行为。

5）吸引第一批种子客户

一个社群的运营，从 0 到 1 的难度大大高于从 1 到 N，因为在前期得到种子客户的质量是整个社群运营的关键。得到种子客户主要有四个途径：①招朋引友；②影响力聚集；③线上标签筛选；④线下场景切入。

6）设定社群运营人员（群主）

群主一般是群里最活跃的人，负责群里大大小小的事情，如发布重要信息，互动答疑，调动气氛，抛出话题，组织活动等，总结为两点就是群秩序的维护和群成员的感情交互。

7）设定社群运营人员（群员）

核心客户非常重要，社群除了要打造群主的品牌影响力，也要花精力去扶持核心成员，单点的影响力经常不及多点形成的矩阵面。

8）建立社群输出推广矩阵

加入任何一个社群的目的即有所得。这可以是知识技能的提升、习惯的养成、价值观的完善，或者是结识朋友。所以社群要有价值输出，需要实现"三化"：①"全民化"，社群需要一枝独秀做领头羊，需要全民参与、全员开花。当社群的每个成员都展示出自己的智慧和能力时，社群的价值才能实现 1+1＞2。②"激励化"，好的输出要及时给予合理的回报和激励，不然客户的热情迟早会衰退。③"生态化"，即把资源整合循环成闭环系统，社群输出的干货要有展示的窗口，所以最好把社群和微信公众号连接在一起，让在社群内输出的东西通过公众号做展示。

9）提升客户参与感

社群的性质决定了它是一个互动平台，互动就要求社群里的人都参与进来。提高客户参与感有很多方式，比如抛出话题引起兴趣，组织活动有奖参与，设置游戏激发参与等。

二、课堂拓展

拓展一

抖音希望成为视频版"百科全书"[①]

抖音短视频仅用了三年时间便成为尽人皆知的软件，其客户下至几岁孩童，上到八旬老人，是因为抖音的价值主张是：美好，帮助客户传递信息的工具。短视频和抖音带来的，是视频创作、分发门槛的大幅度降低，是信息的更快流动和连接，是一种信息普惠的价值，每个客户"在抖音上留下的每个视频，都会是历史的底本，最终汇集成人类文明的'视频版百科全书'"。

拓展二

再度荣膺 2023 中国顾客推荐度排行榜榜首！鲁花做对了什么？[②]

秉持着长期主义的发展逻辑，鲁花一路走来始终将企业发展交织在商业和社会的双重维度里，将品牌从商业场域引领到更加广阔的社会场域，带来的是品牌价值的升维。

1. 商业价值的长期主义者。

某种程度上来说，36 年的坚守本身已是鲁花长期主义者身份的最佳诠释。从"产业报国，惠利民生"的初心出发，鲁花多年来坚持做到为产业谋发展、为农民谋利益、为消费者谋健康，而不断地实现科技创新则成为企业发展的带动力，也成为更好的驱动力。

2. 社会价值的长期主义者。

鲁花在发展过程中，从诞生之日的构想中就始终秉承着"为人民服务"的价

---

① 中国日报网. 抖音总裁张楠：抖音希望成为视频版"百科全书". (2019-08-27)[2022-11-14]. http://media.people.com.cn/n1/2019/0827/c40606-31319827.html.（内容有修改）

② 新华网. 再度荣膺 2023 中国顾客推荐度排行榜榜首！鲁花做对了什么？. (2023-01-18)[2023-01-20]. http://www.news.cn/food/20230118/03ff4e01b4394215b72d92e89ae7a219/c.html.（内容有修改）

值取向，更把利他主义的品牌哲学进行延伸。正如孙孟全说："企业只有永远和人民群众站在一起，真正为人民群众谋利益，才有成功的可能性。"

鲁花以自身的品质及知名度，吸引了一群强大的消费者群体，同时可以满足胆固醇高的这一"社群"的需求，其价值主张同时符合消费者的需求，不仅给消费者带来实实在在的好处，对产业链的上游及整个企业来说同样意义深远。

三、随堂检测

（一）单选题

1. 客户概况图不包括以下哪个选项？（　　）
A. 客户工作　　　　　　　　　B. 痛点
C. 收益　　　　　　　　　　　D. 专利

2. 痛点不包括（　　）。
A. 不想要的结果　　　　　　　B. 无法满足需求的服务
C. 风险　　　　　　　　　　　D. 障碍

3. 社群的构建需要（　　）个要素。
A. 3　　　　　　　　　　　　B. 4
C. 5　　　　　　　　　　　　D. 6

4. 关于客户价值主张，下列选项错误的是（　　）。
A. 客户价值主张是对客户真实需求的深入描述
B. 客户价值主张是一种针对竞争对手的战略模式
C. 客户价值主张对公司战略和业绩影响甚微
D. 客户价值主张是指运用顾客价值取向做战略选择

（二）多选题

5. 吸引第一批种子客户有哪些途径？（　　）
A. 招朋引友　　　　　　　　　B. 影响力聚集
C. 线上标签筛选　　　　　　　D. 线下场景切入

6. 社群要有价值输出，需要实现哪"三化"？（　　）
A. 全民化　　　　　　　　　　B. 激励化
C. 创新化　　　　　　　　　　D. 生态化
E. 服务化

（三）判断题

7. 社群的三大核心功能为：兴趣焦点、沟通协作、商业变现。（　　）

8. 设置群门槛的目的是获取利益。（　　）

9. 客户价值主张是一种针对竞争对手的战略模式。（　　）

10. 社群的性质决定了它是一个互动平台，互动就要求社群里的人都参与进来。（　　）

第四节　课堂互动

一、小组讨论：演练价值主张画布

讨论 11：请以一家连锁电影院为例，如果它需要为客户设置新的价值主张，可能有哪些方面驱动影迷？

二、课堂活动：绘制价值主张画布

活动 7：检验一下你的价值主张和客户需求的契合度吧！

【目标】验证你是否能解决客户最重要的事项。

【结果】将产品或服务与客户工作、痛点及收益相结合。

【材料】大白纸、便利贴、马克笔。

【流程】

1. 在大白纸上用马克笔画出价值图和客户概况图。

2. 把你的价值主张和客户需求写在便利贴上并粘贴到对应位置。

3. 把痛点缓释及利益创造逐条通读，看这些是否能与客户工作、痛点及收益相契合，对每一条检查完的项目做好标识。

4. 检查你的价值主张与客户需求的契合度。

价值图	客户概况图

三、课堂作业：开始构建社群

作业 12：再请大家思考你们想构建怎样的社群，再构建社群实施步骤设计，尝试把它运营壮大。

同好	
结构	
输出	
运营	
复制	

四、复盘总结

课堂心得

第五节　课　后　任　务

一、教师任务

请教师下课前在慕课堂上发布公告，并点击下课；下课后在慕课综合评论区发布以下帖子。

请同学们完成第十章线上作业"构建产品社群！"，线上发帖与回复。

　　说明：每位同学在慕课综合评论区对创业项目的"社群"构建和发展进行记录（可以依托 QQ、微信等软件，复制粘贴相应的图片），记录下发展和运营情况。

二、学生任务

　　请学生完成以下作业。

（一）线上回帖

　　完成第十章线上作业"构建产品社群！"，线上发帖与回复。

（二）线下预习

　　完成慕课"创新基础与创业实践方法"第十一章"商业模式画布、商业模式创新"线上课程学习。

优质帖展示

示例一

　　我认为社群早期的输出，主要依靠运营者和种子客户。首先可以采用运营者及种子客户约稿、转载等方式，等有了一定的客户基础后，就可以群体化运营，让普通成员也能够输出内容。其次是社群定位，引流建群，确立目标，明确社群管理制度，运营社群内容。

——成都理工大学创新创业教育翻转课堂第 9 期 03 班学员

示例二

　　1. 反复强调群特质，围绕群特质开展运营工作，比如要避免一些与群无关的话题互动，以免引起客户疑惑。

　　2. 挖掘群内 KOL，活跃群气氛，发挥群内活跃分子和意见领袖的作用，让群运营得更好、更活跃。

　　3. 持续输出有价值的内容，留住客户，或者针对群成员的需求，开展相关主题活动，吸引客户持续关注群。

　　4. 制定客户习惯养成方案，比如每天打卡，可以设置足够有吸引力的奖励机制，鼓励客户坚持或持续参与到活动中来。

　　5. 引导群成员内外部连接，积极转发、分享群内活动，邀请更多新客户加入，进行裂变传播。

——成都理工大学创新创业教育翻转课堂第 6 期 02 班学员

第十一章　商业模式画布

第一节　学习导航

一、思维导图

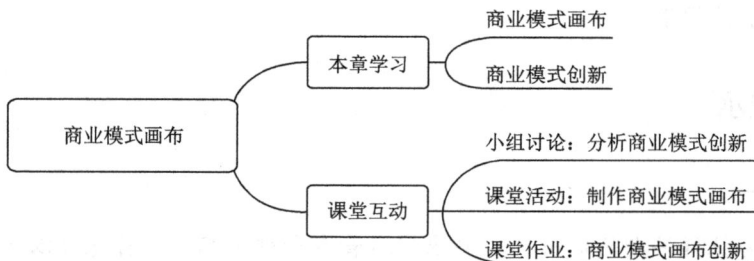

二、学习与提升

1. 认知层：了解"商业模式画布"的格式、制作流程、板块功能和各板块之间的相互关系。

2. 能力层：利用"商业模式画布"这一工具进行商业模式的设计与创新，善于通过实践验证"商业模式画布"。

3. 实践层：按照"商业模式画布"中各板块的分析方法和构建顺序来构思团队的"商业模式画布"，并且依次按照创新的分类来思考商业模式如何创新，并尝试在市场中验证。

三、案例导入

老矿区发力绿色转型[①]

田野里的油菜青翠欲滴，山坡上香樟树的新叶在阳光下透出美丽的鹅黄色……早春时节，在湖南省常德市临澧县新安镇，几家建筑骨料生产企业的大型

[①] 孙超. 老矿区发力绿色转型. 人民日报，2022-03-03 (11). (内容有修改)

生产设备依山而建，等待装载的运输车辆首尾相接，一派忙碌景象。

新安镇矿产资源丰富。临澧南方新材料公司总经理张丕明介绍，过去当地守着老矿区"靠山吃石"，一度出现110多家小碎石厂。低效又无度地采挖加工，让新安镇的青山绿水不再。

2018年起，临澧县委、县政府开始大力度关停、整合矿山企业，在本地企业整合重组的基础上，又引入了中国建材集团进行股权联合重组。如今进入临澧南方新材料公司管理层的王杰，曾是当地一家骨料厂的负责人。"随着安全和环保标准越来越高，小散乱的模式成为历史，行业整合是大势所趋。"王杰说。

整合之后，当地企业以打造绿色矿山为导向，着力破解生态修复难题。"我们与多家大学和科研机构合作，联合开展矿山复绿攻关。"张丕明说，目前企业每年将15%～20%的利润用于生态修复。从2019年9月开始，临澧县在2.8万平方米的陡坡岩石上，开展了土壤基质重构、植被恢复等生态修复工程，如今垂直复绿区域超过1.6万平方米，平台复绿近1万平方米。除了开展生态修复工程，当地工矿企业进一步探索产业智能化改造升级，不断提高资源利用率。在临澧南方新材料公司厂区内，监控屏幕显示，大块石灰矿石经过多道工序的加工处理，逐渐变小变细。除了成为骨料、水泥等重要建筑材料，大块石灰矿石还会被进一步精细加工成高钙石、纳米钙，成为医药、陶瓷、日化以及化学添加剂的原料。

"以前我们不管矿石含钙量多少，全部一股脑粉碎。现在差的做骨料，好一些的做水泥，最好的做纳米钙。和以前相比，现在原料浪费大幅减少，还顺便把尾矿的问题解决了。"王杰说。在巨大的水泥回转窑前，一组醒目的废气回收管道正在向余热发电系统输送热气。"现在我们把污染物当成了能源，利用余热发电系统发电。"金宝说，除了废气的回收利用，企业还在建设年处理量达6万吨的固废危废项目。

如今，总规划面积3.48平方公里的新安钙质新材料小镇依托周边丰富的非金属矿产资源，形成了以钙质新材料研发、生产、销售为主体的企业聚集区，带动当地群众就业增收。未来，当地将以钙质新材料产业为主线，将小镇打造成传统企业转型升级、资源循环高效利用、生态环保节能、科技创新的智慧化钙质新材料绿色循环产业园区。

据介绍，2021年以来，临澧整合全县优质资源，打造绿色建材产业园，将进一步推动当地延长主导产业链条，更加高效地利用关联配套产业资源。

思考一：思考案例中的企业提供什么价值？提供给谁？如何提供？

思考二：商业模式画布怎样帮助企业创新？

相信完成本节课的学习之后，你会对以上问题有更深刻的认识。

第二节　线 上 学 习

一、商业模式画布

商业模式画布，是一款在设计、分析、优化商业模式方面，都非常实用的工具。本节课程将带你学习如何使用商业模式画布。2008 年，著名商业模式创新作家、商业顾问亚历山大·奥斯特瓦德提出了商业模式画布的概念。它是指一种能够帮助创业者催生创意、降低猜测，确保他们找对目标客户和合理解决问题的工具。其后，很多企业得益于这种简单的方式去描绘、设计其商业模式，并取得成功。

扫描二维码在线学习"创新基础与创业实践方法"4.3 商业模式画布

二、商业模式创新

对于任何一家企业而言，在商业模式上进行创新，是十分需要的。随着现代社会技术创新层出不穷，如果没有与之相适应的商业模式出现，其创新价值可能会很快流失。本节课程将带你在使用商业模式画布的基础上，对商业模式创新进行设计。同时，将学习商业模式创新的分类——资源驱动、供给驱动、客户驱动和财务驱动。

扫描二维码在线学习"创新基础与创业实践方法"4.4 商业模式创新

三、案例解读

案例一

一颗柑橘的"裂变"[①]

在地处新立镇的重庆派森百橙汁有限公司车间，圆滚滚的新鲜柑橘在生产线

[①] 王金涛，吴燕霞，赵宇飞. 产业小镇调查| "橘镇"新立镇：一颗柑橘的"裂变". (2022-01-17)[2022-11-14]. http://www.news.cn/2022-01/17/c_1128271107.htm.（内容有修改）

上排列整齐，生产线的尽头，柑橘已变成鲜冷橙汁。这种不添加任何辅剂的高端橙汁，早已在国内多个大中城市销售，并出口到日本、韩国等国家。

不只是橙汁，柑橘在新立镇俨然成为"百变天使"——柑橘被加工成橘饼、精油、果酒等十余种产品。

柑橘交易中心、柑橘大数据中心、农产品检验检测中心、创新创业孵化中心、柑橘新品种培育中心……在新立镇，从创新育种到服务果农，服务对象遍布全国，一条完整的柑橘产业链正在形成。

2017 年 7 月，"三峡橘乡"获批全国首批国家级田园综合体试点项目，推进一、二、三产业融合发展。新立镇正是"三峡橘乡"的主要承载地。

"三峡橘乡"对交通环线、慢行步道等进行严格规划修建，柑橘采摘园、柑橘品种博览园、七彩水稻、民宿集群等 30 余个旅游项目已打造完成。

一颗柑橘的"裂变"，将柑橘元素从横向到纵向、从纵向到立体融入到方方面面，吸引人才、资本等发展要素迅速聚集，推动新立镇实现从传统农业镇到"绿富美"特色小镇的巨变。

案例解析：重庆派森百橙汁有限公司及新立镇创新商业模式，实现从创新育种到服务果农这一条完整的柑橘产业链的形成，同时发展相关旅游业。这样的商业模式推动了新立镇的转变，同时也给公司带来了巨大的收益。

案例二

"华夏古城宇宙"正式"风起" 探寻"一鱼十二吃"创新商业模式①

电视剧《风起洛阳》让万千观众倾慕于古都风貌。《风起洛阳》通过一个 IP 打通了剧集、综艺、动画片、纪录片、电影等 12 种产品形态，实现了文企政三方紧密合作，为 IP 赋能城市文旅产业高质量发展带来了全新的局面。

这一系列创新成果背后，依托的正是爱奇艺推出的"华夏古城宇宙"计划，以及"一鱼十二吃"创新商业模式。虽然《风起洛阳》已收官，但"华夏古城宇宙"的 IP 打造却步履未停。据悉，"洛阳"主题剧本杀、VR 全感将于 2022 年 3 月后改造完毕，主题酒店将于 2022 年底落成，游戏也将于 2023 年前推出。《风起陇西》《广州十三行》《两京十五日》《敦煌》等地域文化鲜明的剧集，也均在"一鱼多吃"的打造序列中同步推进。张恒认为，"一鱼十二吃"实际上拉长了 IP 的生命周期。每一次艺术形态的线上和线下推出，都可为之前的艺术形态引流。综艺可带动三次元群体向漫画二次元的转化，剧集将为漫画、综艺、

---

① 张赫. "华夏古城宇宙"正式"风起" 探寻"一鱼十二吃"创新商业模式. (2022-01-20)[2022-11-14]. http://www. xinhuanet.com/ent/20220120/47c936cd4ad74646860c3ecdceee389b/c.html.（内容有修改）

动画和纪录片进一步引流。未来电影、舞台剧、衍生品、线下娱乐、实体游戏等陆续推出，都将为"洛阳IP"持续带来流量变现。

在王晓晖看来，过去的互联网平台基本都采用广告和会员的盈利模式，而"一鱼十二吃"和"华夏古城宇宙"无疑打开了爱奇艺商业模式的新局面。IP这一货币化形式，正在基于其雄厚增值的产业链，形成了"广告、会员、IP"三足鼎立的全新版图，持续为平台提供更好的商业回报。"如果一部剧能够采取多种方式，形成一个多维度的开发性品牌，它带来的第三种商业收益模式或许能作为影视剧可持续发展的强大支撑力。"

案例解析： "华夏古城宇宙"计划与"一鱼十二吃"创新商业模式形成了"广告、会员、IP"三足鼎立的全新版图，我们由此可以了解到一种全新的商业模式，第三种商业收益模式或许能作为影视剧可持续发展的强大支撑力。

第三节　线下学习

课前准备

请教师在中国大学慕课平台发布签到、练习题、讨论内容。
请学生上课前完成签到，下课前完成练习，下课后完成讨论。

一、课程知识

（一）商业模式画布[①]

商业模式画布是指一种能够帮助创业者催生创意、降低猜测、确保他们找对目标客户、合理解决问题的工具。商业模式画布不仅能够提供灵活多变的计划，而且容易满足客户的需求。更重要的是，它可以将商业模式中的元素标准化，并强调元素间的相互作用。

如图 11-1 所示，商业模式画布由九个篇章所构成，涵盖了商业体的四个主要部分——客户、产品或服务、基础设施以及金融能力，展示了一家企业追求利润的逻辑过程。我们可以把左边理解为创造价值的过程，右边理解为传递价值的过程，画布的下半部则代表财务结构，也就是获取价值的过程。

---

① 亚历山大·奥斯特瓦德，伊夫·皮尼厄. 商业模式新生代（经典重译版）. 黄涛，郁婧，译. 北京：机械工业出版社，2016：5-31.

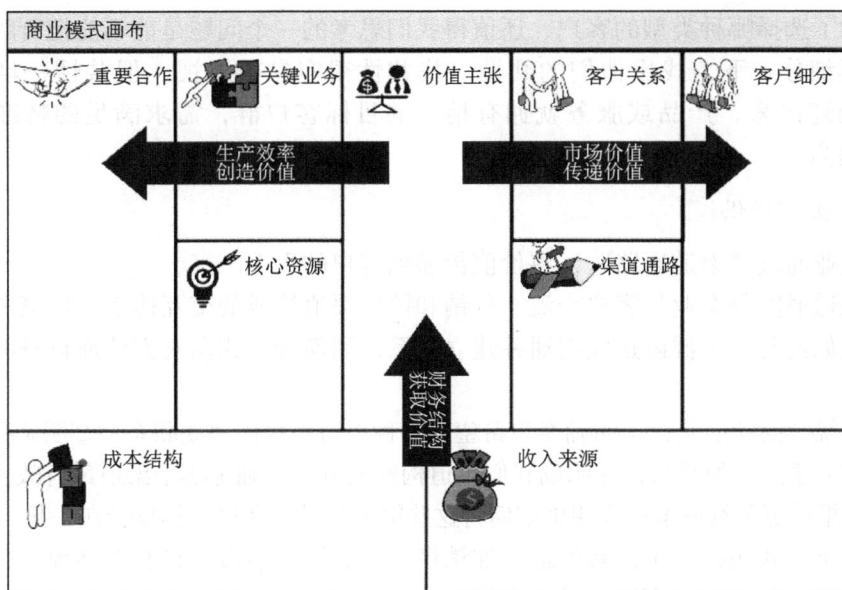

图 11-1　商业模式画布

下面将从四个视角分析商业模式画布。

1. 提供什么

这个视角延展出第一个板块"价值主张"。

价值主张是整个商业模式的核心，它能够解决客户的问题或满足其需求，是满足细分客户的需求、解决他们的问题以创造价值的一系列产品或服务。价值主张可以是创新性的，带来全新的、革命性的产品，也可以是与既有产品或服务相似的，但增添了新特点和属性。

该篇章的功能是：①明确传递怎样的价值；②明确在客户面对的问题中，要解决哪一个；③明确需要满足客户的哪些需求；④面向不同的客户群体，明确用什么样的产品或服务组合。

分类方式包括：①创新；②性能；③定制；④保姆式服务；⑤设计；⑥品牌/地位；⑦价格；⑧缩减成本；⑨风险控制；⑩便利性/实用性。

2. 为谁提供

这个视角产生了第二个板块"客户细分"。

客户细分描述了企业想要获得的和期望的不同的目标人群与机构。该篇章的功能是：①明确我们在为谁创造价值；②明确谁才是我们的重要客户。

分类方式包括：①大众市场；②小众市场；③多元化的客户群体；④多边平台（多边市场）。

除了选择哪种类型的客户，还值得我们思考的一个问题是能不能把所瞄准的客户再细分一下，找出他们的共性。找共性很容易被忽视，但共性一旦被清晰地描述出来，产品或服务就拥有精准的目标客户群，需求满足的精准度会大大提高。

3. 如何提供

企业通过"渠道通路"，将价值传递到客户的手上。

渠道通路是企业与客户交流、分销和销售渠道构成的交互体系，该篇章描述了企业如何与客户群体达成沟通并建立联系，用何种方式向对方传递自身的价值主张。

该篇章的功能是：①明确客户希望以何种渠道与我们建立联系；②明确我们现在如何去建立这种联系；③明确我们渠道构建的方式，确定哪个渠道最有效；④明确哪些渠道更节约成本；⑤明确如何将这些渠道与日常客户工作整合在一起。

分类方式包括：①自有渠道（如销售人员、网络销售、自有商铺等）；②合作方渠道（如合作方商铺、批发商等）。

为了创造价值，需要经常执行某项重要的业务活动，因此产生了"关键业务"这个篇章。

"关键业务"是企业保障其商业模式正常运行所需做的重要的事情。

该篇章的功能是：①明确企业的价值主张需要哪些关键业务；②明确分销渠道需要哪些关键业务；③明确维系客户关系需要哪些关键业务；④明确收入来源需要哪些关键业务。

分类方式包括：①生产；②解决方案；③平台或网络重要合作。

"核心资源"使企业创造和提供价值主张，并获得市场，是保证商业模式顺利运行所需要的最重要资产。

该篇章的功能是：①明确企业的价值主张需要哪些核心资源；②明确分销渠道需要哪些核心资源；③明确维系客户关系需要哪些核心资源；④明确收入来源需要哪些核心资源。

分类方式包括：①知识产权资源；②实物资源；③人力资源；④金融资源。

要执行这些活动，企业需要关键的"核心资源"，来支持企业完成这些活动。

有些活动不需要由企业来执行，有些资源不一定存在于企业内部，因此可以寻找合作伙伴来执行，就产生"重要合作"这个篇章。

企业需要建立"重要合作"关系来优化自身商业模式、降低风险以及获得资源，保证企业商业模式顺利运行所需要的供应商和合作伙伴网络。

该篇章的功能是：①明确谁是企业的关键合作伙伴；②明确谁是企业的关键供应商；③明确企业从合作伙伴那里获得了哪些核心资源；④明确企业的合作伙

伴参与了哪些关键业务。

分类方式包括：①非竞争者之间的战略联盟；②竞争者之间的战略合作；③为新业务建立合资公司；④为保证可靠的供应而建立的供应商和采购商关系。

4. 成本与收入

前面三个视角产生了成本与收入。

"成本结构"指的是运营商业模式所发生的全部成本。

该篇章的功能是：①明确什么是该商业模式中的固定成本；②明确最昂贵的核心资源是什么；③明确最昂贵的关键业务是什么。

分类方式包括：①固定成本；②可变成本；③规模经济；④范围经济。

"收入来源"描述了企业从每一个客户群体获得的现金收益，一般有两种类型：①一次性支付；②持续收入。

该篇章的功能是：①明确何种价值让客户买单；②明确客户正在买单的价值主张有哪些；③明确客户的支付方式是什么；④明确客户愿意使用的支付方式是什么；⑤明确每种收益来源对于总体收益贡献的占比是多少。

分类方式包括：①资产销售；②使用费；③会员费；④租赁；⑤许可使用费；⑥经纪人佣金；⑦广告费。

交易的过程中则产生了"客户关系"。

该篇章描述了企业对每一个客户群体准备建立怎样的关系。客户关系可能会在企业的以下动机中驱动：①开发新的客户；②留住原有客户；③增加销量（或单价）。

该篇章的功能是：①明确每个客户群体期待与我们建立何种类型的关系；②明确已经建立了哪些类型的关系；③明确这些关系的成本如何；④明确客户关系类型单价。

分类方式包括：①私人服务；②专属私人服务；③自助服务；④自动化服务；⑤社区；⑥与客户协作，共同创造。

（二）商业模式创新[①]

1. 商业模式创新的概念

商业模式创新是改变企业价值创造的基本逻辑以提升顾客价值和企业竞争力的活动，既可能是核心资源、价值主张、客户细分和收入来源等商业模式构成要

---

① 亚历山大·奥斯特瓦德，伊夫·皮尼厄. 商业模式新生代（经典重译版）. 黄涛，郁婧，译. 北京：机械工业出版社，2016：128.

素的变化，也可能是要素间关系或者动力机制的变化。

2. 商业模式创新的分类

1）资源驱动

资源驱动的创新来源于组织现有的基础设施或合作伙伴资源。企业由此延伸或改变商业模式。例如，高德、百度、淘宝等利用平台上的海量数据延伸出其他的业务。

2）供给驱动

供给驱动的创新会创造出全新的价值主张，并影响到商业模式的其他篇章。例如，顺丰的价值主张是为广大客户提供快速、准确、安全、经济、优质的专业快递服务，当客户想要运送急件、重要件的时候就会想到顺丰。

3）客户驱动

客户驱动的创新是基于客户需求、可获得性或者便利性的提升。从客户需要入手进行创新是比较常用的方式，认真地做好客户细分，描绘客户画像，洞察客户需求，从而设计出真正吸引客户的产品。例如，抖音 App 是一个专注于年轻人音乐短视频社区平台。

4）财务驱动

由新的收益来源、定价机制或被缩减的成本结构所驱动的创新，同样也会对商业模式的其他篇章产生影响。其实也就是降低成本，合理定价和创新盈利模式。例如应用非常广泛的打印机模式，打印机本身不贵，耗材比较贵；吉利的剃须刀也是根据这个模式进行的创新，推出刀架和可替换刀片的组合产品。

二、课堂拓展

拓展一

中国平安寿险健康险改革持续深化 探索"HMO+家庭医生+O2O"模式[①]

2021 年，平安保险持续探索创新商业模式，升级医疗健康生态圈战略，创新推出以"HMO+家庭医生+O2O"为核心的集团管理式医疗模式，打通供给、需求与支付闭环，为客户提供"省心、省时又省钱"的医疗健康服务。2021 年累计付费客户数快速增长至 3 800 万。2021 年营业收入增长至 73.34 亿元。

由此可见，商业模式创新对业务增长发挥着至关重要的作用。企业价值创造点可能正藏在商业模式创新之处。

---

① 金融界. 中国平安寿险健康险改革持续深化 探索"HMO+家庭医生+O2O"模式. (2022-03-18)[2022-11-14]. https://baijiahao.baidu.com/s?id=1727563775786734704&wfr=spider&for=pc.（内容有修改）

拓展二

免费经济背后的商业模式了解一下？①

　　一项产品以免费的形象上市之后，就能够获得海量的客户和关注。这些海量的客户就变成企业与广告客户谈判的筹码，企业通过广告服务或增值服务，形成了新的价值链，"羊毛"就出在做广告的企业身上，而去买这个企业所宣传产品的最终客户，其实才是最终出钱的那一方。免费的商业模式可不单单是免费那么简单，更多时候往往是为了更好地整合资源。

　　不同的经济有着不同的商业模式，认真思考商业模式的底层逻辑，也可以为我们带来许多创意。

三、随堂检测

（一）单选题

　　1. 抖音抓住了客户碎片化的时间，用比文字更省力的短视频方式，仅需要手指往上划，各种各样的新奇的视频、魔性的背景音乐就会深深地吸引你。而且根据年轻人的审美需要，从美女流量开始，逐步生活化，激活了人群中的视频爱好者，另外，抖音的滤镜算法迭代无出其右，美颜、滤镜、瘦脸、大眼、长腿，想怎么美就怎么美，每一项都打到年轻人的心坎里了，这属于（　　）创新。

A. 资源驱动　　　　　　　　　　B. 供给驱动

C. 客户驱动　　　　　　　　　　D. 财务驱动

　　2. 商业模式画布共分为（　　）个部分。

A. 7　　　　　　　　　　　　　　B. 8

C. 9　　　　　　　　　　　　　　D. 10

　　3. 商业模式的核心是（　　）。

A. 营销模式　　　　　　　　　　B. 盈利模式

C. 客户价值创造　　　　　　　　D. 技术创新

　　4. （　　）是指一种能够帮助创业者催生创意、降低猜测、确保他们找对目标客户、合理解决问题的工具。

A. 蒂蒙斯模型　　　　　　　　　B. 蓝海战略

C. 价值主张　　　　　　　　　　D. 商业模式画布

---

　　① 央视财经. 免费经济背后的商业模式了解一下？. (2019-06-07)[2022-11-15]. https://article.xuexi.cn/articles/index.html?art_id=10354621287827752551&source=share&study_style_id=feeds_default&share_to=weibo.（内容有修改）

（二）多选题

5. 使用商业模式画布时，常犯的错误有哪些？（　　）

A. 没有清楚理解定义

B. 描述不够明确

C. 没有思考清楚哪些是事实，哪些是假设

D. 是填完商业模式图就结束了

6. 商业模式创新的分类有哪些？（　　）

A. 资源驱动　　　　　　　　　B. 供给驱动

C. 客户驱动　　　　　　　　　D. 财务驱动

（三）判断题

7. 财务驱动是由新的收益来源、定价机制或被缩减的成本结构所驱动的创新，同样也会对商业模式的其他篇章产生影响。（　　）

8. 在细分客户时不需要找到客户的共性。（　　）

9. 成本结构篇章分为固定成本、可变成本、规模经济、范围经济。（　　）

10. 资源驱动指的是基于客户需求、可获得性或者便利性的提升。（　　）

第四节　课堂互动

一、小组讨论：分析商业模式创新

讨论 12：通过前面的案例，你认为乡村振兴是否是一种新的商业模式创新？

二、课堂活动：制作商业模式画布

活动 8：小组讨论完成商业模式画布

活动流程：各小组明确分工讨论，根据小组项目的实际情况进行讨论，其间可自主查阅相关内容或向老师提问，最后用马克笔记录在画布的相应位置或者用便利贴贴在相应位置，完成画布图后进行 2～3 分钟展示，根据老师、同学们所给的意见进行商业模式优化。

所需材料：剪刀、马克笔、大白纸、便利贴。

建议时间：30 分钟。

重要合作	关键业务	价值主张	客户关系	客户细分
	核心资源		渠道通路	
成本结构			收入来源	

三、课堂作业：商业模式画布创新

作业 13：在已完成的商业模式画布基础之上，思考创新的模式和可能性，并进一步完善下表。

重要合作	关键业务	价值主张	客户关系	客户细分
	核心资源		渠道通路	
成本结构			收入来源	

四、复盘总结

课堂心得

课堂展示

商业模式画布活动展示

第五节　课 后 任 务

一、教师任务

请教师下课前在慕课堂上发布公告，并点击下课；下课后在慕课综合评论区发布以下帖子。

请同学们完成第十一章线上作业"制作商业模式画布！"，线上发帖与回复。

说明：每位同学在慕课综合评论区对创业项目的商业模式画布进行说明。

二、学生任务

请学生完成以下作业。

（一）线上回帖

完成第十一章线上作业"制作商业模式画布！"，线上发帖与回复。

（二）线下预习

完成慕课"创新基础与创业实践方法"第十二章"撰写商业计划书、路演怎么演（上）、路演怎么演（下）"线上课程学习。

优质帖展示

学生制作的商业模式画布

重要合作：	关键业务：	价值主张：	客户关系：	客户细分：
1.优质床垫品牌；2.气杆制造商；3.音质音响设备公司；4.蓝牙技术公司；5.新型海绵材料研发公司；6.零件生产公司	1.销售基本性能弹床；2.销售多模式弹床；3.蓝牙连接功能弹床；4.学生宿舍模式；5.娱乐性出租 核心资源： 1.闹钟振床设计新颖；2.按摩，听音乐，看天气预报，多功能结合	1.面向高端市场，支持定制服务；2.面向普通市场，为学生党起床助力；3.为客户提供优质睡眠且提供叫醒服务	1.私人助理客服；2.社区服务 渠道通路： 1.百货公司；2.品牌专卖店；3.普通商场	1.性别：男生弹性力度大，女生弹性力度小；2.收入：没有收入的学生、低薪族、中等收入、高等收入

成本结构：1.原料、材料等费用；2.安装床人工费；3.运输物流费；4.产品仓储费；5.网络平台营销费	收入来源：1.产品出售收入；2.其他人员加盟；3.投资费；4.出售专利费

——成都理工大学创新创业教育翻转课堂第 8 期 04 班第 5 组

第十二章　商业计划书与路演

第一节　学习导航

一、思维导图

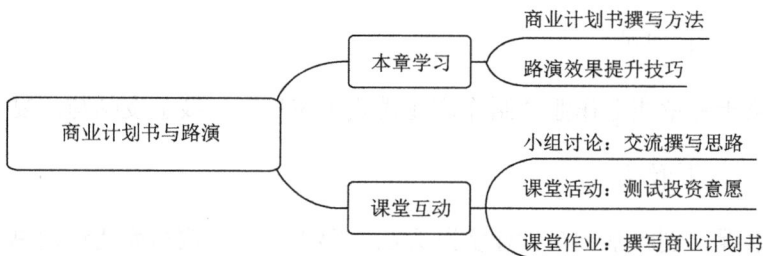

二、学习与提升

1. 认知层：清楚商业计划书和路演对于融资的重要作用。
2. 能力层：掌握商业计划书的撰写方法，理解商业计划书的板块功能和逻辑关系（撰写主线），在商业模式画布的基础上完成商业计划书。
3. 实践层：按照制作商业计划书的流程和标准撰写要点，为期末路演做好准备。

三、案例导入

2018 年"创青春"四川省大学生创新创业大赛创业计划竞赛金奖项目
"防抖勺——帕金森手抖患者的智能伴侣"商业计划书

（一）市场分析

截至 2017 年底，我国患有震颤疾病的人数在 2 000 万～4 000 万，65 岁以上发病率为 10.5%，其中帕金森病患者，全球有超过 450 万人，我国就有 220 万人，且每年新发病例近 10 万人。

市场发展趋势

前瞻性：目前，国家对特殊人群的关注越来越多，特殊人群的相关权益得到保障；随着我国居民经济条件的提高，人们越来越重视自己生活质量的改变，包括帕金森病患者对自己日常生活的重视。

成长性：传统产品已经逐渐被淘汰，结合互联网等多学科的产品将获得大量的需求，而随着我国技术发展、产业革新，该类产品会不断被赋予新的功能。

（二）行业痛点

治疗艰难：震颤人群的类型较多，绝大多数的发病原因并不明确，药物治疗并不明显，更不能彻底根治，因此震颤给患者造成严重且持久的生活问题。

技术壁垒：医疗类电子产品正在向专业化方向发展，虽然国内医疗健康方面的企业众多，但此类行业技术要求较高。

竞品稀少：目前，市场上针对震颤患者的智能防抖勺只有少数的品牌，且现有产品价格较高，但产品的整体需求巨大，市场广阔，目前还属于蓝海市场。

（三）产品介绍

智能防抖勺是一款基于 cortex-M3 的汤勺防抖系统，利用系列算法，可以对非预期的抖动信号做出快速响应，通过微电机进行智能抖动补偿，减小抖动效果，并且通过机器学习算法，不断进行自适应改善。

（四）商业模式

线上：通过达人、KOL 等多渠道引流，之后在当红电商平台如京东、淘宝等 App 上售卖；并通过将产品植入其他医疗健康 App 的方式进行附加性销售；后期在 App 内引入互补商品、优质广告等增加利润。

线下：采用 To B 和 To C 结合的模式，一方面直接与医疗机构对接合作，另一方面征集代理商进行多级分销；产品广告多渠道多方式投放；开设免费体验点。

（五）组织管理

企业宗旨：用创新引领服务，用科技改变生活。

企业文化：热爱关怀，无微不至，拥抱科技，奋进创新。

思考一：商业计划书应该包含哪些要素？

思考二：你认为商业计划书有哪些用途呢？

相信完成本节课的学习之后，你会对以上问题有更深刻的认识。

第二节　线上学习

一、撰写商业计划书

　　商业计划既是创业的行动指导和规划图，又是创业者同外界沟通的基本依据。撰写好商业计划书，既可以在撰写的过程中梳理创业者的思路，又可以快速让别人了解你的项目，帮助创业者顺利地找到投资或合作伙伴。本节课程将带你学习应该如何撰写商业计划书。

扫描二维码在线学习"创新基础与创业实践方法"4.5 撰写商业计划书

二、路演怎么演（上）

　　路演通常是向投资者阐述项目的最重要一环。但是，太多的创业者在路演多次后，依然容易"踩雷"，对一些加分细节缺少关注，不知道该怎么进行路演。不过，创业者不用对路演产生畏惧感，只要按照一定的方式方法去积极准备，路演就会取得成功。本节课程将带你学习路演怎么"演"。

扫描二维码在线学习"创新基础与创业实践方法"4.6 路演怎么演（上）

三、路演怎么演（下）

　　路演就是讲一个故事，故事本身能打动人是关键，平铺直叙，东拼西凑，这样的讲述会让人觉得索然无味。想知道你的路演能否打动投资人，可以先自己听听这个故事，审视这样的故事是否能打动你的内心。本节课程将学习路演演绎的精髓，让我们的故事能够走进他人的内心。

扫描二维码在线学习"创新基础与创业实践方法"4.7 路演怎么演（下）

四、案例解读

案例一

四川成都："小微协商"办大事　熊猫集市解民忧[①]

2020 年位于成都市双流区机场路外侧黄河北路的净土巷还只是一个典型的"老破小"便民菜市场，周边集中了两个商住小区、一家医院和一个社区老年活动中心。由于互不统属，这里每天有数十名临时商贩沿巷摆摊，油烟和噪音扰民问题十分严重，商贩产生的果蔬垃圾和生活污水到处都是，城市环境极差，经常被居民投诉。

为增强群众生活获得感、幸福感、安全感，改善周边环境卫生秩序，创新天府文化的双流表达，打造具有老成都、蜀都味、国际范的特色商业街区，2020年底，一沓厚厚的商业计划书摆在了近都社区党委书记陈万双的案头。

历经数月的打造，2021 年初，近都社区熊猫集市正式亮相。华灯初上，走进这里，穿过联排的商铺和花车摊位，满眼皆是川西民居与天府文化的和谐统一：近都茶社里的老人悠然自得，近都社区戏台上各种精彩节目轮番上演，彩虹长廊变成小吃美食集聚地，原有的菜市场也全部更换了崭新的不锈钢台面，显得格外干净整洁。

案例解析：近都社区通过全方位的考虑，撰写商业计划书，将便民菜市场打造为特色商业区。通过商业计划书的撰写，该社区对改造设想进行了实际的策划，最后项目落到实处，方便了市民，也促进了经济发展。

案例二

提升大学生就业创业质量　城关区青年人才创新创业深度培训班开课[②]

为鼓励创业带动就业，提供全方位公共就业服务，培养一批青年创业者，进一步提升中小微企业快速健康发展，2021 年 5 月 26 日，由城关区就业服务中心举办的城关区青年人才创新创业深度培训班在兰州资源环境职业技术学院段家滩校区开班，来自全区各个高校、街道及创业就业孵化基地及街道推荐的共 99 名创新创业学员参训。

---

① 崔凯. 四川成都："小微协商"办大事　熊猫集市解民忧. (2021-06-23)[2022-11-14]. https://www.xuexi.cn/lgpage/detail/index.html?id=13777286912022640759&item_id=1377728691202264075.（内容有修改）

② 张建平. 提升大学生就业创业质量　城关区青年人才创新创业深度培训班开课. (2021-05-27)[2022-11-14]. http://gs.people.com.cn/n2/2021/0527/c191680-34747161.html.（内容有修改）

据了解，为期 3 天的培训以创新创业基础为主线，围绕创业项目的商业模式、创业项目路演技巧及 PPT 的制作、商业计划书的制作等课程开展，将结合学员们在校期间接受的创业辅导及教育，青年创业者在创业过程中遇到的常见问题以及创业必须具备的专业技能、知识等内容，以多种方式进行传授。帮助学员们从心态到技能，再到实际操作，都能得到初步的修正与调整，同时根据学习内容及时调整商业计划书，制定出最适合自己的创新创业发展方向。

案例解析： 由此可见，在创新创业的过程中，创业者需要具备全方位的知识与技能储备，除了商业计划书，路演与 PPT 的制作等都是极为重要的。

第三节　线 下 学 习

课前准备

请教师在中国大学慕课平台发布签到、练习题、讨论内容。

请学生上课前完成签到，下课前完成练习，下课后完成讨论。

一、课程知识

（一）商业计划书撰写方法

商业计划书是企业管理者重要的规划工具，同时，还是企业进行融资的重要工具。投资人每天会接收到很多商业计划书，所以其撰写质量就成为关键点。商业计划书的核心在于"计划"，谋定而后动。一套好的商业计划书模板，就是一套有效的商业化思考训练工具。更重要的是用它来锻炼自己的思维模式。

一份好的商业计划书至少要回答九个关键问题：①你是谁？——如何让我相信你的实力还有人品？②团队有谁？怎么分工的？——你的管理模式是否靠谱？你的团队能力是否互补？③你是做什么的？——你的产品或服务能否让人很快地理解？④为什么要做这个？——你找对了市场痛点吗？有市场前景吗？⑤你什么地方比对手强？——你研究过竞争对手吗？知道如何击败他们吗？⑥这些优势有门槛吗？——你的竞争优势对方真的无法短期复制吗？⑦你如何让"优势"与"需求"对接？——你有打开市场的渠道吗？⑧你满足这些需求能赚多少？——你的成本核算盈利模式成立吗？⑨你能给我的回报以及可能的风险是什么？——我投资你靠谱吗？

高质量的商业计划书应"内外兼修"。回答这些问题之后，商业计划书还需具备四大特点：逻辑清晰、观点鲜明、文字精练、视觉美观。撰写的原则是简明扼要、条理清晰、客观公正。

一般来说，一份商业计划书主要包含以下九个部分（表12-1）。

1. 执行概览[①]

执行概览不是引言或前言，而是对整个计划的高度概括，要用最短的时间激发投资人的兴趣。所以，它是计划书最重要的部分，许多投资人由此进行判断，他们觉得无价值或收效不大的项目，会直接被淘汰。

2. 企业描述[②]

本部分除了陈述企业的一般情况外，还要描述清楚企业五个方面的情况。

（1）企业历史。解释企业的创意来源和创业动机，如果较为有趣、感人，可以写成一则故事。

（2）使命陈述。这是传达企业信念，即实现什么样的价值追求。可以使用公司口号，如中国联通的"让一切自有联通"、迪斯尼公司的"我们想要一个有意义的公园，一个使家庭团聚的地方"。

（3）产品或服务。这是对企业的产品或服务做出详细解释，包括描述产品或服务的独特之处及市场定位。

（4）公司现状。最好以公司发展的重要时间节点为主进行阐述，还要讲清楚三个重要问题：①当前的管理团队构成；②消费者的反应；③财务状况。

（5）法律地位和所有权。这需要说明企业的所有者、所有权分配情况，还需要写清楚所有权类型。面对投资人时，最好是已经工商注册的有限责任公司。

3. 产业分析[③]

产业分析是商业计划书的基础，为后面的部分形成支撑。其功能是评估一个有前景的商业机会。

产业分析还要完成以下几个方面。

（1）产业定义。描述企业涉及的产业，如果涉及两个及以上的产业，需要逐一分析每个产业。

（2）产业规模、增长速度和销售预测。这部分关键在于展示和解释清楚数据来源，特别是其可信度。

（3）产业特征。这里讨论产业现状和竞争格局。一般要阐述四个问题：产业结构、产业参与者性质、关键比率和关键成功因素。

（4）产业趋势和长期前景。这是产业分析中最重要的部分，也因此能为新的

① 布鲁斯·R.巴林杰. 创业计划书：从创意到方案. 陈忠卫等，译. 北京：机械工业出版社，2016：73.
② 布鲁斯·R.巴林杰. 创业计划书：从创意到方案. 陈忠卫等，译. 北京：机械工业出版社，2016：76-81.
③ 布鲁斯·R.巴林杰. 创业计划书：从创意到方案. 陈忠卫等，译. 北京：机械工业出版社，2016：86-99.

商业理念打下基础，证实公司的价值主张，并对未来前景进行展望。

4. 市场分析[①]

市场分析极其重要：第一，有助于确定业务性质；第二，确认公司对目标市场的信心。通过前面的学习，同学们已经知道，市场分为现有市场、细分市场和全新市场三个类型，注意按照不同情况来描述。

市场分析一般包括以下几方面。

（1）目标市场选择。该部分是回答基本问题：谁是我们的顾客？我们怎样吸引他们？

（2）购买者行为。这是对目标市场消费者行为进行分析。

（3）竞争者分析。这是分析企业自有的竞争优势。

5. 营销计划[②]

营销的重要性不言而喻，有两点注意事项：第一，营销计划要明确以客户为导向；第二，要具体展示清楚由谁来销售产品或服务。营销计划包括以下四个部分。

（1）总体营销策略。这是企业销售产品或服务的指导思想，为营销相关活动打下基础。

（2）定价策略。传统方法为成本定价法和价值定价法。

（3）销售过程和促销组合。这是指企业与消费者从建立关系到完成销售的历程，以及支撑销售的具体策略。

（4）渠道与销售。这是指产品从产地到达消费者手中所经过的企业或个人，说明谁来完成销售。

6. 管理团队与公司结构[③]

现有企业管理的情况应该实事求是，包括创始人和创业团队、现有雇员情况以及未来人事计划等。根据类别，要注意以下情况。

（1）管理团队。用简练的语言介绍成员的履历，包括头衔、职位、责任、相关工作经历、主要业绩、教育背景等。

（2）董事会。这是持股人推选的监督公司管理的专门小组。

（3）顾问委员会。这是受公司经理邀请，提供管理等方面咨询和建议的专家小组。

（4）其他专业性人士。这指的是在公司发展中起到重要作用的专业性人士，

① 布鲁斯·R.巴林杰. 创业计划书：从创意到方案. 陈忠卫等，译. 北京：机械工业出版社，2016：103-111.
② 布鲁斯·R.巴林杰. 创业计划书：从创意到方案. 陈忠卫等，译. 北京：机械工业出版社，2016：120-133.
③ 布鲁斯·R.巴林杰. 创业计划书：从创意到方案. 陈忠卫等，译. 北京：机械工业出版社，2016：137-150.

包括律师、银行家、业务顾问等。

（5）公司结构。根据实际情况构建公司的组织结构，完成组织结构图。

7. 运营计划[①]

该部分是描述新企业将如何运营，包括产品或服务如何生产、运营模式和程序、商业区位、设施与设备、运营战略和计划，也可以包括其他的相关内容。

8. 产品（服务）设计与开发计划[②]

该部分包括开发状况和任务、挑战和风险、成本以及知识产权。

9. 融资方案[③]

该部分向投资者阐述企业需要的投资金额以及回报方案。

（1）资金明细表。这是公司现有多少资金、资金来源、还需要多少资金以及怎样使用的情况罗列。

（2）假想的说明表。这是对以重要假设为基础的财务报表的一种解释，需要参考商业计划书前面阐述的情况。

（3）预计财务报表。预计财务报表的编制，标志着整个商业计划书的高潮或大结局，通常包括"预计利润表""预计资产负债表""预计现金流量表"三个重要表格。

（4）比率分析。三个最常见的财务比率是比较赚取的收入与产生收入所应用的资源的盈利比率，衡量一个公司短期资产与短期负债之间关系的流动性比率以及衡量一个公司的财务稳定程度的财务稳定性比率。

撰写商业计划书时应注意避免四个常见错误。

（1）急功近利，缺乏全盘考虑。

（2）高估商业创意。创意的价值并不在于创意本身，而在于建立在创意之上的业务，创意本身是不会打造出优秀的企业的。

（3）忽略细节。计划需要关注细节，包括财务状况、重大事件、责任和截止时间，现金流是最重要的，但是如何保证这份商业计划书能被有效地执行以及收回资金，却是容易忽视的问题。另外有些商业计划书过分强调自己熟悉的部分而忽略不熟悉的部分，例如强调技术功能，忽视市场营销。

（4）不切实际的预测。没有人会相信不合理的虚高销售预测，通常情况下，超高的盈利预测只会让投资者觉得创业者对费用成本缺乏实际认识。

---

① 布鲁斯·R.巴林杰. 创业计划书：从创意到方案. 陈忠卫等，译. 北京：机械工业出版社，2016：154.
② 布鲁斯·R.巴林杰. 创业计划书：从创意到方案. 陈忠卫等，译. 北京：机械工业出版社，2016：162.
③ 布鲁斯·R.巴林杰. 创业计划书：从创意到方案. 陈忠卫等，译. 北京：机械工业出版社，2016：175.

表 12-1 商业计划书目录

	目录表	
章	名称	页码
1	执行概览	
2	企业描述	
3	产业分析	
4	市场分析	
5	营销计划	
6	管理团队与公司结构	
7	运营计划	
8	产品（服务）设计与开发计划	
9	融资方案	
附录 A	可行性分析梗概（包括顾客对产品或服务的反应情况）	
附录 B	支持产业发展的研究	
附录 C	管理团队成员简历	

（二）路演效果提升技巧

路演通常是向投资者阐述项目的重要一环。路演一是为了融资，二是为了做推广。路演怎么"演"，要解决的问题在于两个方面：如何让你看起来值得投资？如何让你的项目看起来是值得信任的？

1. 如何让你看起来值得投资？

重点强调"三实一虚"。

第一个"实"，衣着。男士不宜穿得过于严肃，也不宜过于放飞自我，忌讳脏、不得体、不合体。一件简约的有领 T 恤搭配一条牛仔裤就很合适。女士在路演的时候忌化浓妆，注意裙子长度。

第二个"实"，谈吐。在路演中，运用声音起伏和良好的节奏，可以呈现出良好的谈吐。建议语速快慢和语音高低要适中，少用口头禅。想让你的声音听起来非常有力度、清晰，可以通过练习绕口令实现。

第三个"实"，姿态。在台上应站直，不应随意乱晃。

一"虚"是一种感觉，具体指自信。要获取别人的信任，首先得自信，让人潜意识地认为你和你的团队可靠，值得信任。

2. 如何让你的项目看起来是值得信任的？

在规定时间的路演项目中，要完完整整地把商业计划书的内容呈现出来，是十分有难度的。如果要在有限时间内把自己的项目表达得更加清楚，应注意以下三个问题：你是谁？你的项目是什么？为什么是你的团队做这个项目？最大的着重点是在第三点，为什么是你呢？核心竞争力在哪里？优势在哪里？壁垒在哪里？商业逻辑又是什么样的？投资回报率是多少？等等，这些都是路演的重点。为了实现这些东西，你/你的团队已经做到的事情有哪些以及还会在哪些方面继续努力。这就是在一次路演中要花大概80%的精力和时间去阐述的内容。

回答了怎么"演"的问题，路演还要"演好"才能让观众更加印象深刻。

路演的"三大法宝"。

1）神奇的数字

人们往往对于抽象的东西很模糊，而对于具体的事物就会产生很确切的感受。例如，"一个采访过 1 000 个创业者的主持人"容易让人印象深刻，这就是神奇的数字的魔力。

2）有趣的外号

名字、数字都只是一个符号，而外号再叠加神奇的数字，往往会发生特别的化学反应。例如在一次路演大赛中，没人记得创始人的名字，但是大家都记得他的外号"辣椒哥"，因为他的项目把他们家乡一种很特殊的辣椒带向了全国市场，所以他外号就叫"辣椒哥"。

3）有记忆点的故事

故事天然具有传播性、记忆点。有逻辑的东西通常容易被遗忘，但故事可以被长时间记忆，特别是曾经有类似经历的时候，故事就可以被记忆很久。因为每个人不同，每个人的项目不同，所以要好好思考，挑选适合传播、最具有传播性的故事。

掌握路演的"三大法宝"，可以让你在 5 分钟内，向大家传递出有用的信号，让观众记住你的项目。

二、课堂拓展

乔布斯的强逻辑路演与罗永浩的感性演说[①]

情怀与逻辑就像美酒与咖啡，一个令人沉醉，一个令人清醒，但对于任何路演听众而言，仅有情怀或者仅有逻辑无法成就一场完整的路演，就像民生情怀的

---

① zourq1109. 乔布斯的强逻辑路演与罗永浩的感性演说. (2017-07-26)[2022-11-14]. https://zhuanlan.zhihu.com/ p/28119896.（内容有修改）

背后必须有经济逻辑的支撑，一场极致路演的情怀背后应当具备最基本的商业逻辑。好路演的首要特质就是抓住路演的核心，条理清晰地呈现给听众，让听众对路演有所预期。看有逻辑的路演，应当犹如读一篇有条理的书评，清晰而深刻。

乔布斯的强逻辑路演就是一篇篇有力的书评。乔布斯的强逻辑路演并非只局限在逻辑上，当然他也没有只押注在情怀上，他强调逻辑，也不忘却情怀，所以他能成为世界上独一无二的路演大师。

锤子科技公司的创始人罗永浩的路演是情怀路演的代表。对于罗永浩而言，商业时代的路演，只讲情怀，不讲逻辑。罗永浩曾说："我不为输赢，只是认真。"这句话表达了极其强烈的情怀，但如果细细分辨，却并不符合最基本的语言逻辑。可以看出，路演并没有固定的套路，只要能够让听众被你的项目所吸引，就是一次好的路演。

三、随堂检测

（一）单选题

1. 以下（　　）不属于一份商业计划书的主要部分。
A. 项目盈利　　　　　　　　　　B. 企业描述
C. 市场分析　　　　　　　　　　D. 产品（服务）设计与开发计划

2. 路演的观众最在乎的是（　　）。
A. 路演者的相貌　　　　　　　　B. 产品
C. 信任　　　　　　　　　　　　D. 品牌

3. 下列关于一份合格的商业计划书说法错误的是（　　）。
A. 一份合格的商业计划书需要打磨优化很多次
B. 一份合格的商业计划书，是团队共同讨论的结果
C. 一份合格的商业计划书，只要字数够多就可以了
D. 一份合格的商业计划书，需要包括行业、产品、财务等多个方面

4. 下列（　　）不是路演的"三大法宝"。
A. 神奇的数字　　　　　　　　　B. 有趣的外号
C. 有记忆点的故事　　　　　　　D. 自信感

（二）多选题

5. 大家撰写商业计划书时容易犯（　　）错误。
A. 急功近利，缺乏全盘考虑　　　B. 高估商业创意
C. 忽略细节　　　　　　　　　　D. 不切实际地预测

6. 商业计划书的特点是（　　）。

A. 逻辑清晰　　　　　B. 视觉美观
C. 观点鲜明　　　　　D. 文字精练

（三）判断题

7. 有一些方式方法让你的谈吐、你的声音听起来都是非常有力度、清晰的，绕口令就是一个不错的办法。（　　）

8. 路演无处不在且有方法可循。（　　）

9. 路演只需要"三大法宝"即可，不需要打造自信感。（　　）

10. 掌握了"三实一虚"和"三大法宝"之后，路演不需要反复练习。（　　）

第四节　课堂互动

一、小组讨论：交流撰写思路

讨论 13：通过本节课的学习，你对自己小组项目商业计划书的执行摘要有哪些初步想法？和成员讨论并记录下来。

二、课堂活动：测验投资意愿

活动 9：根据各小组已模拟完成的执行摘要，小组每次挑选一名学生扮演投资人，轮流针对各小组模拟的创业项目进行投资分析，明确投资意愿，并对为什么投资，为什么不投资进行说明。

三、课堂作业：撰写商业计划书

作业 14：各小组对自己企业的每一部分均进行描述，形成商业计划书。

执行概览（10分）
企业描述（5分）
产业分析（10分）

市场分析（10分）
营销计划（15分）
管理团队与公司结构（5分）
运营计划（20分）
产品（服务）设计与开发计划（10分）
融资方案（15分）

四、复盘总结

课堂心得

第五节 课 后 任 务

一、教师任务

请教师下课前在慕课堂上发布公告，并点击下课；下课后在慕课综合评论区发布以下帖子。

请同学们完成第十二章线上作业"商业计划书概览！"，线上发帖与回复。

说明：每位同学在慕课综合评论区描述创业项目的商业概览。

二、学生任务

（一）线上回帖

完成第十二章线上作业"商业计划书概览！"，线上发帖与回复。

（二）线下预习

完成慕课"创新基础与创业实践方法"第十三章"企业注册与模拟运营"线上课程学习。

优质帖展示

示例一

智云消有限责任公司是一家致力于社区智慧消防应急服务的创新型科技公司。依托大数据、虚拟化、物联网、无线传感技术、地理信息等新一代信息技术，在重新挖掘现有消防救援综合潜力和灾情分析处理能力的同时，升级灾情救援模式，提高灾情监测信息化覆盖程度，为建设新时代消防救援体系打下坚实的基础。

公司旨在将分布式紧急逃生系统、综合应急指挥决策平台、社区消防站三者结合成有机整体，打破技术和部门壁垒，贯通消防应急服务全产业链。针对灾情全过程，为社区打造"一中心三朵云"的智慧消防框架，从监测、救援、逃生三个维度提供全方位应急保障。提高火灾自救"黄金一分钟"的逃生率，升级救援模式，从传统的"人防、物防"逐渐向"技防"进行智能化转变。

基于 WSN 的分布式紧急逃生系统，通过对短距离无线通信相关技术的研究进行综合应用，做到智能规划逃生路线，实现分流疏散，最大程度利用逃生通道，减少人员拥挤踩踏；同时综合消防应急指挥决策平台，通过专业算法模型进行智能分析，做到用"一张图"全面、实时、准确展示灾情整体数据，满足指挥中心"平急结合"的应用需求；社区救援站对消防物资管理实施全方位监控，救援人员听从平台指挥调度，实现灾情定位的准确性、救援的高效性。

本公司以知识密集型技术为依托，结合实际情况，分析系统需求，着手研究WSN 的体系架构，现已研发出分布式紧急逃生演示系统，未来将进一步研究改进人工势场逃生引导算法，结合当下发展迅速的人工智能、机器学习、深度学习来进行逃生算法的设计和开发。另外，增加视频或图像信号的采集与分析，使系统性能更好、更快速、更准确，使系统更加实用化、商业化。

——成都理工大学创新创业教育翻转课堂第 7 期 02 班第 1 组

示例二

地质资料是开展地质工作的重要基础信息资源，自然资源部大力支持，出台了大量文件要求加快建设开放、共享、完善的地质资料信息体系。在大数据的背景下，地质勘查和地学研究对科学数据共享提出了迫切要求。地质资料是地质工作形成的重要基础信息资源，其社会化共享服务是地质工作价值的体现，对满足国家建设数字化强国需求并服务于生态文明建设发展具有重要的支撑作用。

随着经济社会的高速发展，我国地质资料获取成本高且客户基数急速上涨，对地质资料的开发利用提出了更高的要求，尤其是在地球科学研究、工程建设、生态环境保护、城市发展、防灾减灾等方面。现如今，地矿行业长期以来处于相对封闭的传统行业体制环境，地质勘探行业正探索产业转型。我国地质资料汇交程度低，无法实现与灾害防治"见缝插针"；受新冠疫情的影响，勘探工作开展艰难；地质资料相对封闭，行业人员的思想相对保守，共享服务意识薄弱。

基于此，OGDP（One Geology Data Provider）-地质汇应运而生。OGDP-地质汇团队依托地质灾害防治和地质灾害防治与地质环境保护国家重点实验室的优势平台，构建专属地质人的地质资料共享开放平台。

平台示意图

平台自主研发的双经纬度搜索引擎，定位精度已达到小数点后 6 位，准确率达到 98%，远超市面上现有平台的定位精度。平台提供双模式地图，在混合模式和地图模式相结合的情况下，地形地貌一览无遗，实现地质信息快速且精准定位。与此同时，平台提供定制化文献查重降重特色性服务。

与市面上其他平台相比，OGDP-地质汇属于"互联网+共享"平台，提供一站式共享服务；背靠国家重点实验室，资料库存丰富；拥有双经纬度搜索引擎，实现地质资料的高精度搜索；提供地质调查成果的 DOI 注册服务，以保护地质人的知识产权；查重降重专家团队入驻平台，提供衍生性的一体化服务。

OGDP-地质汇的诞生推进符合我国国情的地质大数据共享服务工作，从而进一步解决政府不同部门之间，政府与科研单位、高校、企业和社会公众之间信息不对称等问题，带动全社会对地质大数据的二次利用，可以节约社会成本，为人们提供便利，同时对政府科学决策也具有重大意义。

——成都理工大学创新创业教育翻转课堂第 5 期 01 班第 6 组

第五篇　企业风险防控

　　拥有了前四个篇章的积累，创业者们即将达到探险目的地，在终点寻获一件无价的宝物。但是在正式找到之前，我们还需要了解到目的地存在着哪些隐藏的风险，我们又应该如何去避免。

　　第五篇围绕"企业风险防控"，帮助创业者了解到企业注册完成后，这种法律上正式认可的组织形式，可能会遇到哪些风险，以及如何进行风险防控。

第十三章　企业注册与模拟运营

第一节　学习导航

一、思维导图

```
                                        投资人与出资方式

                                        公司债务责任

                            本章学习      企业组织架构安排

                                        企业开办流程

                                        企业开办材料
        企业注册
        与模拟运营
                                        小组讨论：模拟运营情景

                            课堂互动      课堂活动：设计组织架构

                                        课堂作业：注册公司
```

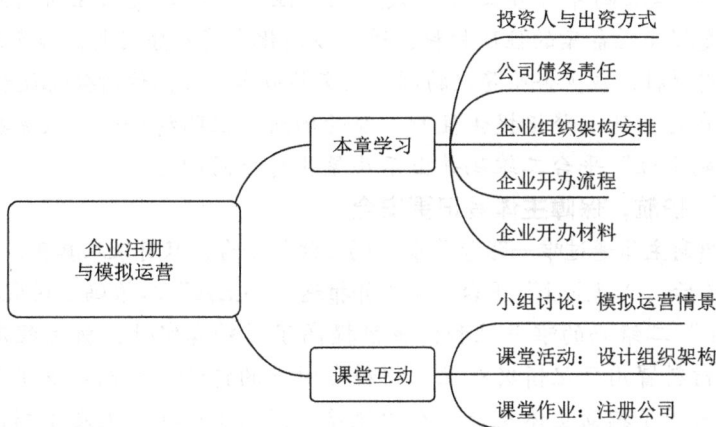

二、学习与提升

1. 认知层：清楚企业注册的流程。扩展经营企业的法律知识。
2. 能力层：掌握投资人出资方式和比例、投资人责任、企业组织架构等企业注册内容。
3. 实践层：开始企业注册流程并模拟依法合规的经营。

三、案例导入

按下登记"加速键"，"码上注"平台上线！[①]

为进一步推进"放管服"改革，优化区内营商环境，服务区域经济发展，上

[①] 上海杨浦. 按下登记"加速键"，"码上注"平台上线！. (2022-06-27)[2022-11-14]. http://sh.people.com.cn/n2/2022/0627/c134768-40013077.html.（内容有修改）

海市杨浦区市场监督管理局通过住所登记材料电子化和数据共享，创新企业住所登记模式，推出"码上注"企业登记住所材料归集系统，实现给住所材料赋"码"、助服务提速、为企业减负。

一"码"归集，搭建数据管理新平台

为加大数字化登记力度，助力"全程网办"走深、走实，杨浦区市场监督管理局通过"码上注"平台，归集招商主体名称、产权证明、平面图等住所信息以及租赁合同、合同双方名称和统一社会信用代码（自然人提供身份证号码）、租赁地址、期限等租赁信息，搭建住所信息数据管理平台，实现招商主体"一地一档"，通过一"码"归集多样数据，形成一体化、格式化、规范化的住所信息。

一"码"共享，实现登记材料再精简

据了解，"码上注"平台内嵌政务服务受理系统，工作人员通过扫描读取经办人员展示的二维码即可查阅并下载"码上注"平台归集的住所信息和租赁信息，免去反复提交已备案的住所材料，进一步简化申请人登记所需提交的住所（经营场所）证明材料，减少企业登记的制度性交易成本，提高住所登记便利化水平。

申请人在企业迁入登记提供住所（经营场所）证明材料时，只需提交招商主体提供的"码上注"平台二维码并出示房屋租赁合同即可。

一"码"护航，保障主体登记更安全

据悉，招商主体通过唯一账号登录"码上注"平台，只有录入真实、有效的住所租赁合同编号后，"码上注"平台才生成并推送"码上注"二维码至联系人的手机。

"码上注"二维码的唯一性和保密性提高了材料真实性，极大程度上避免出现住所登记材料冒用登记情况；住所材料点对点的传输，大幅减少了虚假登记等情形，切实保护了招商主体及产权人的权益，提供了便捷，激发了招商主体及入驻招商主体内市场主体的积极性。

思考一： 企业注册前需要做好哪些准备？

思考二： 你愿意和你的好朋友一起创业吗？为什么？

思考三： 注册企业容易了，是否就可以随意注册，随意填写注册内容？

相信完成本节课的学习之后，你会对以上问题有更深刻的认识。

四、案例解读

案例一

种了猕猴桃　日子好红火①

4 年前，家里的承包地被征用，李红霞由此减少了收入来源；如今，她靠着

---

① 马腾. 种了猕猴桃　日子好红火. (2021-11-04)[2022-11-14]. http://www.moa.gov.cn/xw/qg/202111/t20211104_6381214.htm.（内容有修改）

承包他人土地种植猕猴桃，开上了小车，住上了楼房，成了乡亲们口中的致富能手……在杨凌曹新庄村，李红霞"失地"后的创业故事被传为佳话。李红霞说："过去，家里种粮食作物一年的收入就 5000 多元。现在，种经济作物，一亩地的收入就相当于过去全家种粮的收入。"

初次尝试取得的成功，让李红霞看到了致富的希望。她随后又从别人手中承包了 15 亩地，把家里的积蓄都拿出来种植猕猴桃，同时，不断认真学习嫁接技术和管护知识。指着远处山坳里一块地，李红霞自豪地说："去年，那里有一株树结了三背篓的果子，卖了 800 多元呢。"

李红霞说："最早我是提着小竹篮子到处去卖猕猴桃，哪里人多就往哪里赶。"但这种方式的效果并不理想，而且客人挑来拣去猕猴桃还容易坏，而如今杨凌有 80% 的猕猴桃种植户都搭上了电商的快车。

李红霞的致富经历让村里人受到触动，村里有十余户人家也开始栽种猕猴桃。李红霞说："没有承包地并不可怕，在现在的农村，只要有思路、懂技术、会经营，一样可以过上好日子。"

案例解析：在党中央乡村振兴战略的带领下，许多年轻人走上了返乡创业的道路。李红霞的经历告诉我们："有思路、懂技术、会经营"是收获财富的三大法宝。另外，农业生产有较大的风险，还应当考虑企业化运作，特别是《中华人民共和国民法典》（2021 年 1 月 1 日）和《中华人民共和国农民专业合作社法》（2018 年 7 月 1 日）的生效，提供了有力的保障。

案例二

鸢创者冯帅：融入主流 IP 的新文创先行者[①]

风筝，是潍坊的一张名片、非物质文化遗产。针对传统风筝瓶颈期的同质化严重、附加值低、工艺落后、行业发展动能不足等问题，90 后小伙冯帅抓住当前国家政策，以时尚元素为传统手工艺赋能，从传统文化中汲取新力量，将"风筝"这个优秀的传统文化火种传递下去，为传统行业发展提供有力支持的市场红利，为传统的潍坊风筝插上了新文创加电商的翅膀。

2019 年，冯帅成立了潍坊康岳风筝有限公司，开始了他的创业之旅。他从传统文化中汲取灵感，以时尚元素为传统手工艺赋能。他运用现代美术理念，将更多的时尚元素运用其中。他坚持原创设计，注重品牌建设，把创新贯穿于风筝设计、生产、销售的全过程。如今公司已成为工贸一体，拥有设计、生产加工、

---

① 于欣宏，刘洋. 创业故事：鸢创者冯帅 融入主流 IP 的新文创先行者. (2022-01-04)[2022-11-14]. http://www.wftvqcm.com/minsheng/2022/0104/195907.html.（内容有修改）

销售等几十名员工的文创企业。

目前，年轻人扎制传统风筝很少，传承的断代、本地风筝特色的丢失给传统的潍坊风筝带来不少冲击。冯帅及其带领的团队非常重视风筝新材料、新工艺的运用，将传统竹子扎制工艺进行改进，将纸、绢改成聚酯纤维材料的布料，手绘工艺由机器印刷取代，造型简洁、明快、清晰，可批量生产，色彩也更加鲜艳，可收纳存放，具有鲜明的时代性。

案例解析： 国家政策给新文创产业的发展提供了有力支持。新文创产业拥有百亿级市场，未来将大有可为。在创业的过程中，要注重品牌建设，践行工匠精神，注重产品质量。同时，注意经营过程中形成的知识产权，要明确归属，利于保护。

第二节　线　下　学　习

课前准备

请教师在中国大学慕课平台发布签到、练习题、讨论内容。
请学生上课前完成签到，下课前完成练习，下课后完成讨论。

一、课程知识

（一）投资人与出资方式

1. 投资人

以公司为例，狭义的投资人指的就是股东，对公司债务承担有限责任，并凭借持有的股权享有资产收益、重大决策和选择管理者等权利。

2. 出资方式

以公司为例，公司股东可以用货币出资、实物、知识产权、土地使用权等可以用货币估价并可以依法转让的非货币财产作价出资。《中华人民共和国市场主体登记管理条例》第十三条第二款规定："出资方式应当符合法律、行政法规的规定。公司股东、非公司企业法人出资人、农民专业合作社（联合社）成员不得以劳务、信用、自然人姓名、商誉、特许经营权或者设定担保的财产等作价出资。"

（二）公司债务责任

选择不同的市场主体（企业）形式，投资者对市场主体（企业）的债务承担不同的责任。投资者在投资时，要明白自己对企业将承担怎样的责任。是用自己的财产承担责任，还是需要用家庭的财产承担责任；是承担有限责任还是无限责任，都要事先从企业类型中做出安排。

投资者成为个体工商户，则个体工商户的债务：个人经营的，以个人财产承担；家庭经营的，以家庭财产承担；无法区分的，以家庭财产承担。

投资者设立个人独资企业，则投资者以其个人财产对企业债务承担无限责任；投资者在申请企业设立登记时，明确以其家庭共有财产作为个人出资的，应当依法以家庭共有财产对企业债务承担无限责任。

投资者设立合伙企业，合伙企业有普通合伙企业和有限合伙企业。普通合伙人对合伙企业债务承担无限连带责任，有限合伙人以其认缴的出资额为限对合伙企业债务承担责任。

投资者设立公司成为股东，公司是企业法人，有独立的法人财产，享有法人财产权。公司以其全部财产对公司的债务承担责任，股东以其认缴的出资额为限或以其认购的股份为限对公司承担责任。

（三）企业组织架构安排

以公司为例。公司有股东会，由全体股东组成，属于权力机构。有限公司可以设立董事会，如果有限公司的股东人数较少，规模较小，可以只设执行董事。公司的董事会是公司的执行机构，行使执行权。有限公司可以设监事会，股东人数较少或者规模较小的有限责任公司，可以设一至两名监事，不设监事会。监事会是公司的监督机构，因此董事、高级管理人员（如经理、财务负责人）不得兼任监事。有限责任公司可以设经理，由董事会决定聘任或者解聘。经理对董事会负责，可以列席董事会。经理行使的是行政执行权，公司的财务机构行使的是行政监督权。在权力分配的同时要有制约，才能更好地防范投资风险。

（四）企业开办流程

企业开办流程一般是指企业从设立登记到具备一般性经营条件的过程。企业开办办理事项包含：企业设立登记、公章刻制、申领发票、员工参保登记、住房公积金缴存登记、银行预约开户服务。企业开办流程一般在当地政府部门网站上均有介绍，因技术的发展，现在往往可以在网上办理。

具体事例可以参见成都市人民政府网站：首页>便民利企服务>企业开办>网上办理。网址为：http://www.chengdu.gov.cn/chengdu/c153024/qykb_cont.shtml。

（五）企业开办材料

企业开办设立登记需提前准备好所有人（投资者）的身份证、房屋产权证或使用权证据等资料。一般企业开办材料清单如表 13-1 所示。

表 13-1　一般企业开办材料清单

材料名称或申请条件
企业设立登记
1.《公司登记（备案）申请书》（含《企业开办信息采集表》等附表）
2.公司章程
3.董事（执行董事）、监事、经理、法定代表人任职文件
4.股东主体资格证明和自然人身份证复印件（包括股东、董事、监事、经理、法定代表人、财务负责人、经办人、联络员等自然人身份证明）
5.住所材料
公章刻制
1.营业执照和企业开办信息
2.法定代表人和委托代理人身份信息
申领发票
1.营业执照和企业开办信息
社会保险单位参保登记
1.营业执照和企业开办信息

二、课堂拓展

拓展一

"滴滴出行"是企业刑事合规建设的生动案例[①]

国家有关部门联合进驻滴滴出行科技有限公司，开展网络安全审查，并认定"滴滴出行"App 存在严重违法违规收集使用个人信息问题，通知应用商店下架"滴滴出行"App，要求滴滴出行科技有限公司严格按照法律要求，参照国家有关标准，认真整改存在的问题，切实保障广大用户个人信息安全。

---

① 赵宪伟. "滴滴出行"是企业刑事合规建设的生动案例. (2021-08-03)[2022-11-14]. https://article.xuexi.cn/articles/index.html?art_id=1262369470714628960&item_id=1262369470714628960&study_style_id=feeds_default&t=1627982720919&showmenu=false&ref_read_id=11c6fc45-db1d-423a-9d2c-6001137d7891_1647702882312&pid=&ptype=-1&source=share&share_to=copylink.（内容有修改）

公司的注册要以切实保护公民生命财产安全为根本宗旨，公民个人信息与国家安全息息相关，要把推动企业刑事合规建设纳入社会治理体系和治理能力现代化范畴。

公司作为民事主体，要依法依规经营，特别是股权占公司总股本 2/3 以上的绝对控股股东自身要依法依规行使权利。国资委发布的《中央企业合规管理办法》自 2022 年 10 月 1 日起施行，为企业的合规经营提供了指引。

拓展二

"青易办"掌上平台上线 山东青岛企业注册实现"掌上办、零材料、智能审"[①]

经过在山东省青岛市崂山区"崂山政务服务"微信公众号试点，青岛市企业登记注册"青易办"掌上平台上线。这是青岛市行政审批服务局 2020 年改革创新的一项重要举措。由此，青岛成为全国首个实现企业登记注册全链条"掌上办、零材料、智能审"的城市。

"青易办"掌上平台接入了更多审批服务事项，重点推出跨行业、跨部门办理的"套餐式"政务服务事项，实现企业开办在移动端"全程网办、一网通办"，让创业办事更方便、更快捷、更舒心。

创业注册登记方便、快捷、舒心，并不等于整个创业过程就一帆风顺，作为投资者在注册之前一定要有法律风险意识，不要在注册时为将来的经营留下后患。

三、随堂检测

（一）单选题

1. 绝对控股权是指在企业的全部资本（股本）中，某种经济成分的出资人拥有的资本（股本）占企业的全部资本（股本）的比例大于（　　）。

A. 33%　　　　　　　　　　　　B. 50%

C. 66%　　　　　　　　　　　　D. 75%

2. 普通合伙人对合伙企业的债务承担（　　）。

A. 无限责任　　　　　　　　　　B. 有限责任

C. 严格责任　　　　　　　　　　D. 无限连带责任

---

① 余博. "青易办"掌上平台上线 山东青岛企业注册实现"掌上办、零材料、智能审". (2020-04-27)[2022-11-14]. https://article.xuexi.cn/articles/index.html?art_id=16594676684508782406&item_id=16594676684508782406&study_style_id=feeds_default&t=1587970861823&showmenu=false&ref_read_id=24e0b824-a012-4cba-bd53-8b0222d346cd_1647770014754&pid=&ptype=-1&source=share&share_to=copylink.（内容有修改）

3. 合伙人以所有权出资的，出资财产的所有权应当归（　　）。

　A. 出资人所有　　　　　　　　　B. 合伙人共有

　C. 由协议约定归属　　　　　　　D. 出资人享有 50%的所有权

4.《中华人民共和国个人独资企业法》规定，个人独资企业的"人"
（　　）。

　A. 可以是法人，也可以是自然人

　B. 只能是自然人

　C. 只能是法人

　D. 可以是法人和个人组成的其他经济组织

（二）多选题

5. 以下属于担保物权的是（　　）。

　A. 抵押权　　　　　　　　　　　B. 质权

　C. 地役权　　　　　　　　　　　D. 留置权

6. 某有限责任公司依法要设立监事会，下列人员中，不可以作为监事的是
（　　）。

　A. 公司董事　　　　　　　　　　B. 公司经理

　C. 公司财务总监　　　　　　　　D. 公司工会主席

（三）判断题

7. 公司可以设经理，经理对董事会负责，可以列席董事会，行使表决权。
（　　）

8. 公司法规定，公司以其主要办事机构所在地为住所。因此投资人设立公
司时，必须要有享有所有权的经营场所。（　　）

9. 劳务可以作为设立公司时的出资方式。（　　）

10. 有限合伙企业的普通合伙人对合伙企业的债务承担有限责任。（　　）

第三节　课堂互动

一、小组讨论：模拟运营情景

讨论 14：根据以下要求和步骤模拟企业运营

情景模拟一：聘任或解聘财务负责人（了解公司的运作程序，依法合规地做
出决定）

（1）企业召开会议，写出会议流程，并根据设置条件做出企业决定。

（2）抽两个组汇报开会情况。

（3）教师点评，如主要从会议过程的合法、做出决定的有效性方面进行点评。

情景模拟二：股东股权转让（了解有限责任公司股东股权转让的程序，以保护公司、股东和第三人的合法权益）

（1）每组模拟一家公司，抽取一位同学作为股东，让其向公司其他股东转让自己一半的股权；抽取第二位同学，让其向股东以外的人转让自己一半的股权。

（2）股东向公司提出股权转让的事项，公司做出决定。

（3）抽两个组汇报开会情况，注意不要与上面的组重复（每组三分钟）。

（4）教师点评，如是否分两种转让情况，转让的程序是否合法，是否有决议，是否保障了股东的优先购买权等。

情景模拟三：劳动纠纷（了解员工辞职和企业辞退员工的合法程序和证据意识规则，以保护企业和劳动者的合法权益）

（1）每组指定一位同学担任营销人员。

（2）该营销人员抽取不同的设置条件，要求企业结算工资，企业做出决定。

（3）抽两个组汇报开会情况，注意不要与上面的组重复（每组三分钟）。

（4）教师点评，如解聘是否合法，工资是否应当补发，是否存在赔偿的问题等。

二、课堂活动：设计组织架构

活动 10：请同学们在大白纸上画组织架构，确定成员及职务，如股东、董事长（董事）、监事、经理、部门经理、财务负责人等。

三、课堂作业：注册公司

作业 15：企业的组织形式、股权结构、出资方案等。

1. 企业的组织形式、企业内部人员的职务安排
2. 股权结构设计的结果（要考虑企业的控制权等问题）

续表

3. 设立时的出资方案（或可进一步设想成立后的融资方案）

作业 16：模拟公司注册

1. 公司注册地点
2. 公司注册流程
3. 可享受的优惠政策

四、复盘总结

课堂心得

第四节 课后任务

一、教师任务

请教师下课前在慕课堂上发布公告，并点击下课；下课后在慕课综合评论区发布以下帖子。

请同学们完成第十三章线上作业"模拟注册"，线上发帖与回复。

说明：每位同学在慕课综合评论区描述企业注册情况，以日记条目的形式模拟在成都市某地注册企业，阐述一条当地企业最新的注册优惠政策。

二、学生任务

请学生完成以下作业。

（一）线上回帖

完成第十三章线上作业"模拟注册"，线上发帖与回复。

（二）线下预习

完成慕课"创新基础与创业实践方法"第十四章"法律风险识别、法律风险防控"线上课程学习。

优质帖展示

公司名称：成都市想当当科技有限责任公司。

公司注册地点：四川省成都市成华区二仙桥东三路1号。

公司注册资本：500万。

出资人及组织结构：陈× 200万（货币）CEO、黄×× 100万（设备）COO、杨×× 50万（知识产权）CMO、江×× 100万（货币）CFO、陈×× 50万（货币）CTO。

取得的优惠政策：过渡期优惠政策、企业所得税税率优惠、政府给予的资金补贴。

——成都理工大学创新创业教育翻转课堂第4期03班学员

第十四章　企业风险防控

第一节　学 习 导 航

一、思维导图

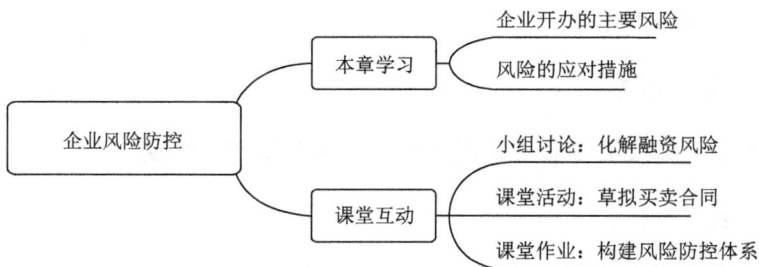

```
                                        企业开办的主要风险
                            本章学习
                                        风险的应对措施
        企业风险防控
                                        小组讨论：化解融资风险
                            课堂互动    课堂活动：草拟买卖合同
                                        课堂作业：构建风险防控体系
```

二、学习与提升

1. 认知层：提高企业的法律风险意识。
2. 能力层：提高企业的风险识别能力与风险防控能力。
3. 实践层：了解企业开办后的主要风险以及相应的应对措施。

三、案例导入

支持中小微企业克服疫情影响[①]

2020 年 5 月 13 日，中华人民共和国国家发展和改革委员会联合国家数字经济创新发展试验区、平台企业等 145 家单位，共同启动"数字化转型伙伴行动（2020）"，帮助中小微企业实现数字化转型，支撑经济高质量发展。这是国家支持中小微企业的又一行动。实际上，在新冠疫情防控期间，国家一直都在帮助

[①] 黄益平. 支持中小微企业克服疫情影响. (2020-06-08)[2022-11-14]. https://article.xuexi.cn/articles/index.html?art_id=959841051354633309&item_id=959841051354633309&study_style_id=feeds_default&t=1604299175363&showmenu=false&ref_read_id=fe8022e1-c0c3-4e36-a853-365df91e216e_1647697830823&pid=&ptype=-1&source=share&share_to=copylink.（内容有修改）

中小微企业渡过难关。

　　突如其来的疫情，不可避免会对我国经济发展造成较大冲击，其中最为脆弱的可能还是中小微企业。在疫情防控期间，中小微企业的营业收入明显减少，支出却不能停止。因此，这些企业即便没有出现资不抵债的现象，仍然有可能因现金流断裂而面临危机。以中小微企业为主体的民营企业贡献了 60%以上的国内GDP 和 80%以上的城镇劳动就业，中小微企业如果出现问题，自然会冲击我国经济增长和就业，"六稳"工作和"六保"任务就很难落地，还会影响群众生活，甚至影响社会稳定。可以说，保中小微企业就是保中国经济基本盘，就是保百姓就业，保社会稳定。正因如此，2020 年《政府工作报告》明确指出："必须稳住上亿市场主体，尽力帮助企业特别是中小微企业、个体工商户渡过难关。"

　　因此，扶持中小微企业一直是统筹疫情防控和经济社会发展的重要内容。在货币政策方面，央行在降低政策利率与增加流动性供给的同时，还向金融机构提供专项资金支持中小微企业融资；在财政政策方面，减免税收、补贴利息与缓缴社保等措施接连出台。在地方层面，各级地方政府还推出了减免国有房产租金、减免水电费以及发放消费券等政策。这些政策体现了党和政府对中小微企业的重视与关心，对于稳定中小微企业经营发挥了积极作用。

　　思考一：国家帮助中小微企业防范化解了哪些风险？

　　思考二：除了上述风险之外，企业还可能面临哪些风险？又该如何化解？

　　相信完成本节课的学习之后，你会对以上问题有更深刻的认识。

第二节　线上学习

一、法律风险识别

　　本节课程将带领我们认识企业开办后会面临的主要四大类风险：①市场主体类风险；②运营类风险；③宏观调控类风险；④劳动和社会保障类风险。

扫描二维码在线学习"创新基础与创业实践方法"5.1 法律风险识别

二、法律风险防控

本节课程将带领我们学习法律风险防控。法律风险防控可从以下方面进行防控：①创业者要有法律风险防范意识，了解最基本的法律；②要有相关的人员或机构提供法律支持；③从法律的角度，审视企业具体的制度需求，构建完善的企业风险防范体系；④市场主体类风险防范；⑤运营类风险防范；⑥宏观调控类风险防范；⑦劳动和社会保障类风险防范。我们需要认识到有时风险不是孤立的，它们互相交织，互相影响。所以对于风险防控，我们要做到系统思考和综合防范。

扫描二维码在线学习"创新基础与创业实践方法" 5.2 法律风险防控

三、案例解读

案例一

理性看待疫情对旅游业的影响①

中国社会科学院财经战略研究院、中国社会科学院旅游研究中心及社会科学文献出版社共同在线发布了《旅游绿皮书：2019～2020 年中国旅游发展分析与预测》。全书对 2019～2020 年中国旅游发展进行了透视和前瞻，还专门设立了"特别专题：疫情下的中国旅游业"板块。

中国社会科学院旅游研究中心主任宋瑞建议，面对新冠疫情的影响，要长短兼顾，注意以下几个问题。一是推动旅游业的新一轮改革开放和高质量发展。建议在"十四五"规划中，着重增加旅游业改革和对外开放等内容。二是进一步强化、优化和细化政策。在国内外疫情结束前后的一段时期，要进一步强化、优化和细化相关扶持政策。综合考虑旅游业的规模、体量及其在 GDP、就业和居民消费中的占比等因素，需制定专门的产业振兴政策。三是加强疫后旅游市场的引导。在推动复工复产的过程中，必须妥善处理疫情防控需要与旅游业恢复经营活动之间的关系，使复工复产始终服务于疫情防控大局。同时，针对不同地区、不

---

① 赵珊. 理性看待疫情对旅游业的影响. (2020-04-24)[2022-11-14]. https://article.xuexi.cn/articles/index.html?art_id=1827262027811382072&item_id=1827262027811382072&study_style_id=feeds_default&t=1600084253292&showmenu=false&ref_read_id=456bc04b-5b0c-4b02-aeeb-fd54aac3bf30_1647698472562&pid=&ptype=1&source=share&share_to=copylink.（内容有修改）

同领域、不同规模的旅游业主体复工复产的条件和必要性进行全面评估，制定旅游业分区、分业、分时段复工复产指南。

案例解析：第一，新冠疫情是改革开放以来对中国旅游业影响范围最广、程度最深的一次冲击，要关注其长期影响、结构性影响、对旅游从业者的影响、国际影响和间接影响，要理性对待疫情结束后的市场反弹。第二，旅游涉及一系列合同，在疫情或疫情防控措施成为合同不能履行的主要原因时，就可能发生合同解除的法律后果，产生分担损失的问题，进而产生财务风险或法律风险。第三，分清风险是否可以事先转移，进行相应的风险分配安排，使企业实现可持续发展。

案例二

多措并举化解中小企业股权质押风险①

近年来，一些民营企业在经营发展中遇到不少困难和问题，有的民营企业家形容遇到了"三座大山"：市场的冰山、融资的高山和转型的火山。针对"融资的高山"，近期，中国银保监会（现国家金融监督管理总局）、中国证监会等部门相继推动设立纾困基金、资管计划、险资专项产品，帮助有发展前景但暂时陷入经营困境的民营企业和中小企业纾解股权质押困境。

原中国银保监会主席郭树清表示，银行业金融机构要科学合理地做好股权质押融资业务风险管理，在质押品触及止损线时，质权人应当综合评估出质人实际风险和未来发展前景等因素，采取恰当方式稳妥处理。要充分发挥保险资金长期稳健投资优势，加大保险资金财务性和战略性投资优质上市公司力度。允许保险资金设立专项产品参与化解上市公司股票质押流动性风险，不纳入权益投资比例监管。

上交所相关负责人也表示，为纾困专项债建立审核绿色通道，同时建立健全高收益债券、股债结合产品的制度安排，完善债券市场配套制度安排，更好地发挥深化交易所债券市场直接融资功能，助力民营企业长期健康发展。

案例解析：第一，质押股权会面临平仓的风险并会失去控股权，因此应降低股权质押比例，企业要加强资金管理，正确评估自身的财务风险。第二，要充分预判合同带来的风险，做好充分的风险安排。第三，要分清长远目标和短期目标，处理好长效应行为和短效应行为，防止短期行为拖累长期目标。

---

① 温济聪. 多措并举化解中小企业股权质押风险. (2018-11-04)[2022-11-14]. https://article.xuexi.cn/articles/index.html?art_id=3223706708741591218showmenu=false&study_style_id=feeds_default&t=1543391828484&share_to=copylink&ref_read_id=00305144-d88f-47e5-8e8e-d05561926682_1647700740819&pid=&ptype=-1&source=share.

第三节 线下学习

课前准备

请教师在中国大学慕课平台发布签到、练习题、讨论内容。
请学生上课前完成签到，下课前完成练习，下课后完成讨论。

一、课程知识

（一）企业开办的主要风险

1. 市场主体类风险

创业者创立的企业形式不同，决定其承担的责任不同。企业形式有公司、合伙、个人独资和个体工商户等，创业者承担的相应责任有有限责任、无限连带责任、无限责任。其中承担无限连带责任的，风险最大。当创业失败，应当依法办理企业清算和注销手续。因每次创业过程，都是信用积累；若个人、企业被国家机关或金融机构列入信用黑名单，就会给创业者的创业和经营带来巨大的麻烦，处处受限。

2. 运营类风险

运营类风险常见的有合同风险、担保风险、广告风险、竞争风险、产品质量风险、消费者权益保护风险、票据风险、知识产权风险、诉讼风险等。

其中主要是合同风险，例如：甲向乙购货，因运输者的原因，货物灭失，乙要求甲付款。甲说："我没收到货，凭什么付款！"乙发现，双方没有签订书面合同。这种情况下，乙能要到货款吗？

要货款，就得有合同，合同还得有约定。有没有合同，是事实问题；能否证明合同的存在，是举证问题。若双方真的是达成过口头合同，这叫客观事实；甲否认合同的存在，乙又拿不出任何证据证明有合同，叫举证不能。法院作出裁决靠什么？靠的是客观事实，还是用证据证明的法律事实呢？当穷尽所能，不能确认客观事实时，只能采信法律事实。那么乙想要拿到货款，两个字"困难"！法律谚语说："法庭上，只有证据、没有事实。"

是不是有合同，货款就放心了呢？还要看合同效力。合同效力包括有效、无效、效力待定、可变更与可撤销四种。只有有效的合同，才可能依靠国家权力，获得保护。若合同效力存在问题，风险随之而来。在本案中，若甲乙双方买卖的是管制枪支，不仅要不来货款，人身自由还存在问题；若甲乙双方买卖的是儿童玩具枪，则货款就有希望。在乙的要求下，甲给了乙一张商业票据，乙到银行却无法兑现，这是票据风险。乙再找甲，甲又提供了担保，因担保主体不合格，引发担保风险。不得已，乙起诉甲来追究其违约责任，乙胜诉，但却因甲债台高筑，货款成为泡影，判决书下来，乙只能作为失败交易的纪念，这就是诉讼风险。

在本案中，乙还向丙供货，因质量问题，购买该商品的消费者，在使用过程中受伤，产品被禁止销售，于是发生产品质量风险和消费者权益保护风险；天无绝人之路，乙又开发出了新产品，通过广告，重新打开市场，却又因采用与竞争者产品对比的广告策略，被竞争者投诉，受到处罚，这是广告风险和竞争风险；紧接着又因与新产品合作者丁发生发明权归属之争，这是知识产权风险。这一连串的风险，创业者要做到心中有数，才能防范。

3. 宏观调控类风险

国家主要通过财政税收和金融手段，调控经济。为鼓励创新创业，国家出台了许多鼓励政策，这些政策都是有时效性的，不能过分地依赖这些鼓励政策来维持企业生存，否则政策结束后企业该何去何从；企业也不能将逃税当避税，饮鸩止渴。金融政策的作用不小，直接关系到企业融资的难易和经营成本的高低。创业企业一般负债率高，若筹资或融资不当，创业者可能丧失对企业的控制权，终为他人作嫁衣裳。同学们课后可以收集一下吴长江与雷士照明公司的故事，看看其中的悲欢离合。另外，健全的会计制度可以为企业的财务风险管控事先提出警示。创业要借风扬帆，顺势而为，才能活得更长久、更壮大。

4. 劳动和社会保障类风险

保护劳动者、维护公民参加社会保险和享受社会保险待遇的合法权益，构建和发展和谐稳定的劳动关系，共享发展成果，促进社会和谐稳定，是国家与企业之责。国家制订了劳动法、劳动合同法、社会保险法和养老、医疗、工伤、失业、生育保险等法律制度，确立了行为规范。

化解人力资源管理风险，对于关键员工的引入和离职的风险，要有完善的劳动合同的约束和激励，以及社会保险的支持。企业要留得住有能力的人，以免其技术信息、经营信息和管理能力的流失；又要使企业富余人员去得了，减轻企业负担。不重视劳动合同和社会保险风险的行为，实际是为一时之利，但却将企业置于长久的巨大风险之中。

（二）风险的应对措施

1. 创业者要有法律风险防范意识，了解最基本的法律

创业者要了解民法总则、物权法、合同法、知识产权法、公司法、合伙企业

法等，做好基本的法律知识储备，树立基本的权利意识。

2. 要有相关的人员或机构提供法律支持

创业企业要有法律人员或机构来保驾护航，企业可以自备或外聘。

3. 审视企业具体的制度需求，构建完善的企业风险防范体系

规范的制度可以使企业的风险始终处于制度可控的范围。应当建立合同管理、知识产权管理、产品质量管理、财务会计管理、人力资源管理、社会公众关系管理等制度。法律人员应当全程参与，对其合规性、合法性进行审查，杜绝违规、违法现象的出现。

4. 市场主体类风险防范

创业者要以自身实力选择合适的责任模式，重视创业团队股权和企业控制权分配，核心创业者要处于控股或绝对控股地位，要写好和用好合伙协议、公司章程，因为企业的斗争，最终都可归结为股权的斗争。创业者要重视自己和创业伙伴的信用信息，珍惜企业信用，特别是金融信用信息，"守信者走遍天下，失信者寸步难行"。

5. 运营类风险防范

应对合同风险。在订立合同时，要注意概念的准确性、条款的完备性、结构的完整性，确保合同依法成立且有效；履行、变更和转让合同手续齐全，终止合同权利义务要合法，出现合同责任要及时追究。

应对担保风险。要注意选择合理的担保方式，保障担保合同不出现无效的情形。

应对广告风险、竞争风险。要遵循广告准则，清楚广告禁止性和限制性内容的规定，杜绝虚假广告。要注意反不正当竞争法中对于不正当竞争行为的界定和反垄断法制止的垄断行为的表现，做到依法竞争，合法经营。

应对产品质量风险及消费者权益保护风险。要注意产品生产者和销售者的权利和义务，注意产品质量责任的承担。了解消费者权益及保护体系，提高产品质量，以保护消费者权益。

应对票据风险。要注意票据真假、票据权利及其行使，防范票据诈骗。

应对知识产权风险。要梳理企业已有或将要形成的知识产权，各自需要什么样的保护措施；合理评估知识产权的价值，核算市场价值、保护成本，有针对性地采取措施。比如，企业核心竞争力方面的技术信息、经营信息等商业秘密，是通过专利保护，还是通过物理保密措施保护，抑或合同保护；企业产品、地理标识产品，是否还需要商标保护等。例如，有人发明了一套锁具，并取得专利，成立企业准备生产，却发现市场已经出现侵权产品，他不断地维权，但其成本超过

收益，最后只得放弃。

应对诉讼风险。起诉要仔细研究胜诉和败诉概率、诉讼的成本、即使胜诉能否得到履行等，避免盲目诉讼。

6. 宏观调控类风险防范

国家宏观调控政策的时效性，决定了企业应当随时跟进政策的变化及其风险预判，合理安排企业的经营。比如，国家对高新企业有财政税收优惠，创业者要注意其条件、范围和期限。对金融政策，要注意其内容、边界和措施。再比如，有的创业者对小微企业、小贷公司、民间借贷利率的合法区间都不清楚，就急着办企业扩大规模，进行盲目筹资和融资，结果在创业之初，就可能走上了一条不归路。

7. 劳动和社会保障类风险防范

要认真研究劳动和社会保障中的具体制度，及时为员工办理劳动合同和社会保险。在强化企业文化培养的同时，强调对员工的关怀。

建立健全企业内部的管理，企业的各种劳动规章，要及时讨论、公示、通过。打破"大锅饭"，体现"差异化"，采用绩效考核要合理合法。

不遵守劳动法，不按时签订劳动合同、不按时办理社会保险等，违反劳动法和社会保障法，需要赔偿双倍工资、补缴社保费用等。它们都是为一时之利，将企业置于长久的风险之中。

乌云要风来吹散，风险要法律来防范。正义是无价的，但追求正义是有成本的，只有用最小的成本去追求最大的正义，才能有真正的正义。因此，要全过程地考虑企业的法律风险，并贯穿成本意识，才能有效防范风险。

二、课堂拓展

 **拓展一**

2008 年，三鹿集团股份有限公司被曝光，因生产的三鹿牌婴幼儿配方奶粉中含有化工原料三聚氰胺，出现特别重大食品安全事故。随后公司破产，前董事长被判处无期徒刑。一个曾经收入高达百亿元的三鹿集团轰然倒塌，家喻户晓的三鹿品牌灰飞烟灭。

三鹿集团股份有限公司破产案为企业的风险防控敲响了警钟，要切忌醉心于规模扩张，追求企业的快速增长而忽略管理中存在的巨大风险。

要认识到品牌的价值本质是来自产品本身的质量与安全，对产品负责既是对消费者负责，也是对自己负责，不把消费者放在心上，最终会被市场淘汰。

拓展二

小王毕业后选择自主创业，为了方便，未与员工签署劳动合同，与员工口头约定用工两年。两个月后，员工小张未办理离职手续，以公司经常加班，未按时发放加班工资为由，仅口头告知小王后便离职，小王认为其未办理离职手续，拒绝支付小张工资。最后小张提起劳动仲裁，要求支付未签订书面劳动合同的双倍工资并补发工资。根据《劳动合同法》第八十二条："用人单位自用工之日起超过一个月不满一年未与劳动者订立书面劳动合同的，应当向劳动者每月支付二倍的工资"和第三十八条第二项："用人单位有下列情形之一的，劳动者可以解除劳动合同：……（二）未及时足额支付劳动报酬的"的规定，小张的仲裁请求得到了劳动仲裁的支持。

三、随堂检测

（一）单选题

1. 开办企业后的风险防控不包括（　　　）。

A. 法律风险　　　　　　　　　　　B. 人员风险

C. 系统风险　　　　　　　　　　　D. 财务风险

2. 企业财务风险的大小可以通过（　　　）指标得到反映。

A. 现金流量　　　　　　　　　　　B. 资产结构

C. 负债多少　　　　　　　　　　　D. 收益大小

3. 当创业失败，依法办理企业清算和注销手续是为了避免（　　　）。

A. 市场主体类风险　　　　　　　　B. 运营类风险

C. 宏观调控类风险　　　　　　　　D. 劳动和社会保障类风险

4. 下列不属于风险防范措施的是（　　　）。

A. 创业者要有法律风险防范意识，了解最基本的法律

B. 要有相关的人员或机构提供法律支持

C. 审视企业具体的制度需求，构建完善的企业风险防范体系

D. 将公司的钱全部转移到自己的账户上

（二）多选题

5. 市场主体类风险包括（　　　）。

A. 市场主体选择类风险　　　　　　B. 企业解散清算终止风险

C. 版权风险　　　　　　　　　　　D. 专利权纠纷

6. 下列属于企业开办后的风险有（　　　）。

A. 市场主体类风险　　　　　　　　B. 运营类风险

C. 宏观调控类风险　　　　　　　　D. 劳动和社会保障类风险

（三）判断题

7. 运营类风险中其中最主要是担保风险。（　　）

8. 虽然创业者创立的企业形式不同，但是其承担的责任相同。（　　）

9. 企业是"智本"（知识）和"资本"的结合。（　　）

10. 创业企业要有法律人员，企业只能外聘。（　　）

第四节　课堂互动

一、小组讨论：化解融资风险

企业融资是指以企业为主体融通资金，使企业及其内部各环节之间资金供求由不平衡到平衡的运动过程。当资金短缺时，以最小的代价筹措到适当期限、适当额度的资金；当资金盈余时，以最低的风险、适当的期限投放出去，以取得最大的收益，从而实现资金供求的平衡。

讨论 15：企业经营资金不足时，如何融资？（银行借款、证券融资、股权融资、招商引资等）

二、课堂活动：草拟买卖合同

活动 11：按照以下步骤完成一份双方认同的买卖合同。

1. 小组起草买卖合同

（1）A、B 小组之间起草一份买卖合同，C 小组对合同进行审核；

（2）D、E 小组之间起草一份买卖合同，F 小组对合同进行审核。

2. A、B、C 小组和 D、E、F 小组汇报合同起草情况。

3. A、B、C 小组和 D、E、F 小组互相对合同提出疑问。

成果展示

物资买卖合同

卖方（甲方）：

买方（乙方）：

鉴于乙方向甲方购买全新的建筑材料一批，买卖双方在平等、互利的原则下订立如下协议：

第一条：货物品种及价格

乙方向甲方购买材料数量及价格见下表：

货物名称	单价/规格	数量	价格
白灰			
Ⅲ级螺纹钢			
直缝焊管、大口径厚壁焊管、大口径薄壁焊管			
沥青			
文化砖			
合价：			

第二条：付款方式

按买卖双方议定总价为人民币＿＿＿＿＿＿＿＿＿＿，于双方签订合同后××天内由乙方支付人民币＿＿＿＿＿＿＿＿＿＿，以银行承兑汇票付款。

第三条：交货时间及地址

乙方付款后＿＿＿＿天内送到乙方指定收货地点。

第四条：合同争议的解决方式

本合同在履行过程中发生的争议，由双方当事人协商解决，协商或解决不成的，依法向人民法院起诉。

第五条：其他约定事项

本合同一式两份，甲、乙双方各执一份为凭。

卖方（甲方）：　　　　　　　　　　买方（乙方）：

日期：　　　　　　　　　　　　　　日期：

讨论以下问题并提出对策：

1. 合同是否存在材料质量风险？
2. 合同有无付款风险？
3. 如何约定解决纠纷条款，对甲方更有利？

三、课堂作业：构建风险防控体系

作业 17：企业风险防控清单及解决路径

企业风险点	解决路径
建议从以下四个方面思考： （1）市场主体类	

续表

（2）运营类	
（3）宏观调控类	
（4）劳动和社会保障类	

作业 18：企业财务分析模板

四、复盘总结

课堂心得

第五节 课 后 任 务

一、教师任务

请教师下课前在慕课堂上发布公告，并点击下课；下课后在慕课综合评论区发布以下帖子。

请同学们完成第十四章线上作业"风险点评估"，线上发帖与回复。

说明：每位同学在慕课综合评论区描述创业项目预计会遇到的风险点以及防控措施。由于未进行开办企业后的学习，此部分可以列为选修内容。

二、学生任务

请学生完成以下作业。

（一）线上回帖

完成第十四章线上作业"风险点评估"，线上发帖与回复。

说明：每位同学在慕课综合评论区描述创业项目预计会遇到的风险点以及防控措施。由于未进行开办企业后的学习，此部分可以列为选修内容。

（二）线下预习

1. 课程预习：请同学们观看"创新基础与创业实践方法"课程回顾。

2. 作业检查：请同学们检查并完成所有线上课程学习、课后讨论、单元测评，系统将在结课后不久关闭。

准备制作团队的创新方案期末答辩。

（三）期末考核

1. 路演答辩：请各小组根据团队已模拟完成的项目，按照期末考核评分要点及标准解析，做好 PPT 答辩准备。答辩时间为下节课，时长为 10 分钟，其中教师点评、互评 5 分钟。

请学生参考以下内容提前做好 PPT，届时每个小组将有 5 分钟的时间进行 PPT 答辩，教师将对项目提出相关问题，最终答辩成绩将计入课程总成绩。

期末考核评分要点及标准解析

要点	标准	分值/分
执行概览	对整个商业计划概述的全面性、简洁性和准确性进行评定	5
企业描述	对企业描述是否到位，是否有吸引力，是否立体进行评定	10
产业分析	对前景是否突出，分析是否全面进行评定	10
市场分析	对核心产品、技术或服务的目标市场现状、市场前景以及竞品所作分析的全面性、准确性和专业性进行评定	15
营销计划	对计划是否以客户为中心，是否进行过充分调研，是否围绕目标进行了详细说明进行评定	10

续表

要点	标准	分值/分
管理团队与公司结构	对团队成员的分工是否能够优势互补和公司管理结构的合理性、科学性进行评定	10
运营计划	对是否具有一个项目向正常目标前进所需要的有预见性的计划进行评定	15
产品（服务）设计与开发计划	对核心产品、技术或服务的创新性、实用性、兼容性以及产品发展计划的合理性进行评定	15
融资计划	对计划是否清晰地向投资者阐述投资金额以及汇报方案进行评定	10

2. 预计结课 14 天内提交纸质商业计划书。

说明：请同学们在路演的基础上完善商业计划书。

请各小组根据团队制作的创新方案，按照课程实践手册的评分标准，做好 PPT 答辩准备。答辩时间为下节课，时长为 10 分钟，其中教师点评、互评 5 分钟。

优质帖展示

示例一

市场风险：目前市面上针对大学生的学习辅导软件行业竞争激烈，存在较大的竞争压力。而且部分竞争对手已有较为完善、成熟的经营模式和经营基础。

政策风险：在市场经济下，受价值规律和竞争机制的影响，各企业为争夺更大的活动自由及资源可能会违反国家有关政策。

财务风险：作为大学生初创企业，本公司在运营注册中可能会遭遇资金在筹集、偿还、使用、回收方面的风险，导致较大的损失。

管理风险：由于本公司的成员均为在校大学生，缺乏经营管理经验，可能在经营中出现失误，不能充分利用资源谋求利益。同时，管理层对于人员的管理方法与行为也将直接影响人力资源的可利用性及有效性，错误的制度会影响公司发展。

——成都理工大学创新创业教育翻转课堂第 9 期 04 班学员

示例二

市场风险对策：第一，提升平台服务质量、问答质量，进一步提高商业价值和竞争优势；第二，发展自身独特优势项，巩固竞争堡垒，迅速抢占市场份额，突出自身特点。

政策风险对策：第一，在国家各项经济政策、产业政策的指导下，汇聚提炼各方信息，制定最佳方案；第二，加强企业内部管理，提高服务水平，增强抵御政策风险能力。

财务风险对策：第一，构建、拓宽畅通的融资渠道；第二，加强对业务收入、业务支出的管理，减少资金占用；第三，建立相应的风险预警机制及安全管理体系网络；第四，合理运用法律手段维护公司利益。

管理风险对策：第一，规范内部管理，提高管理层决策能力；第二，建立一套科学、完善的人力资源管理模式；第三，加强企业文化建设，培养员工集体荣誉感。

——成都理工大学创新创业教育翻转课堂第 6 期 01 班学员

课 程 回 顾

恭喜各位创业者，你们已经闯过了五个模块，拥有了建立创新方案、完成团队建设、设计商业模式等难忘的经历，接下来让我们一起来回顾一下整个课程吧！

扫描二维码在线学习"创新基础与创业实践方法"课程回顾

接下来我们将通过提问-回答的方式回顾整门课程。本课程可以用 14 个问题概括，如图 1：每一个问题都相互联系，前面一个问题是后面问题的前置问题，形成这样一种内在逻辑——剥开一层问题，会产生一个更深层次的问题，最终为我们揭开从创新到创业的面纱。

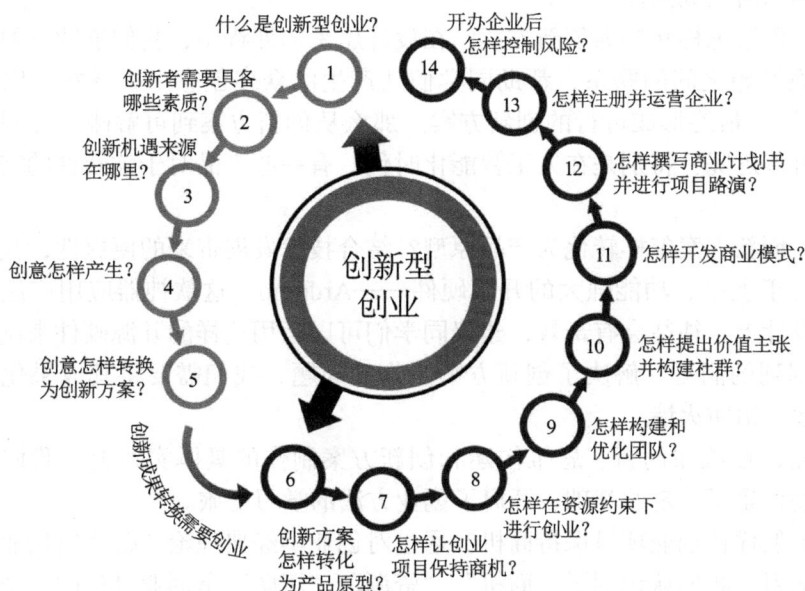

图 1　课程流程的 14 个问题

（1）什么是创新型创业？为了厘清这一概念，首先要对创新和创业有一个较为清晰的认识。为了进一步阐释创新型创业的概念，通过借鉴 GEM 中对生存型创业和机会型创业的分类方法，将创新型创业与传统型创业区别开来，明确本课程的项目定位。

（2）创新者需要具备哪些素质？通过学习克莱顿·克里斯坦森教授的《创新者基因》相关理论，我们明白了创新者基因的构成，明确了成为一名创新者也并不难，只要有意识地提升联系、提问、观察、交际、实验五个方面的能力，我们也能够成为一名优秀的创新者。拥有了创新者素质之后，我们需要解决找到创新机会点的问题。

（3）创新机遇来源在哪里？通过彼得·德鲁克的创新机遇来源理论，我们系统认识到了创新机遇来源产生于内部四种、外部三种，总共七种来源。它们分别是：意外事件、不协调的事件、程序需要、产业结构或市场结构的变化、人口变化、认知和情绪的变化、科学技术发展带来新技术与新知识。摆脱了固有思维，认识到创新机遇是无处不在的。接下来，我们在能够找到创新机遇之后，需要将这些机会点变为实实在在的点子。

（4）创意怎样产生？通过学习设计思维的理论方法后，我们认识到，创意的核心要素是建立同理心，这是一种可以将潜在需求发掘成真正创意的好用方法。同时，通过技术接纳生命周期曲线的分类，我们能将创意挖掘锁定到"技术爱好者"人群，从而提升挖掘点子的效能。解决了创意产生的问题，接下来我们需要将这个构想落笔成具体的方案。

（5）创意怎样转换为创新方案？在设计思考的课程中，我们继续学习发掘洞见和创意发想之间的联系，帮助同学们从产生的众多创意中去寻找可以利用的"金点子"，最终形成可行的创新方案。那么从创新方案到可触碰、可测试的产品原型有多远呢？特别是在人工智能化时代，有一些产品对于软硬件的需求越来越强。

（6）创新方案怎样转化为产品原型？结合技术发展带来的便捷性，我们介绍了一款易于上手、功能强大的开源硬件——Arduino，这款神器应用广泛，在产品原型设计上，往往会有奇效，建议同学们可以运用这样的开源硬件来制作设计思考挖掘到的洞见。解决了创新方案制作的问题，我们需要将其成果化、合法化，架起一道防火墙。

由此，在认知创新、思维构建和创新方案制作的具体实践上，我们抽丝剥茧，已经积累了一定的基础，开启了创业方法的学习之旅。

（7）怎样让创业项目保持商机？通过对创业学经典理论"蒂蒙斯创业过程模型"的学习，我们认识到了"商机""资源""团队"是创业过程的三个重要要素，为我们建立了全局思维。通过蓝海战略，我们知道了"红海"与"蓝海"的区别，并认识到将项目保持在"蓝海"，是保持商机的有效方法，这是对第一个要素的具体学习。

（8）怎样在资源约束下进行创业？这是对第二个要素的具体学习。通过理解"精益创业"的相关模型，我们知道了怎样用有限的资源去验证产品，并转化为商品。

（9）怎样构建和优化团队？这是对第三个要素的具体学习。通过对朱利安·泰普林教授的"团队建设金字塔"的学习，我们认识到优化创业团队，需要从树立信念、提升情商、组织建设三个方面开展，并结合案例分析让同学们去体会，应该怎样打造一支适合创业的优秀团队。通过对这三个要素的具体学习，同学们已经解决了创业战略层面的问题，转入战术层面的具体实施。

（10）怎样提出价值主张并构建社群？为了帮助大家理解价值创造模式的过程，教材主要内容来源于著名企业家亚历山大·奥斯特瓦德和洛桑大学伊夫·皮尼厄教授合著的《商业模式新生代》以及亚历山大·奥斯特瓦德等多位合著的《价值主张设计》两本国际畅销书。使用价值主张设计，是为了使产品或服务与客户需求保持一致，这是一个永无止境的过程，需要不断更新价值主张使之更契合于客户需求。另外介绍了社群这种新兴的商业模式，具体内容为基于价值主张从 0 到 1 构建社群和从 1 到 N 运营社群。

（11）怎样开发商业模式？我们学会了如何从 0 到 1 构建社群和从 1 到 N 运营社群，打通链接客户的渠道，同学们对商业模式有了较为直观的印象。商业模式画布工具和商业模式创新能够让我们清晰地认识项目的商业模式。由此，我们基本完成了创业项目的所有准备工作，但基于对未来工作的细化，特别是融资的需求，创业团队需要解决撰写商业计划书的问题。

（12）怎样撰写商业计划书并进行项目路演？在老师的指导下，同学们对如何撰写进行了练习，重点讨论了如何基于融资视角撰写商业计划书的方法。这也是为创业项目发展壮大打下基础，接下来老师结合多年看项目的经验，针对初创者在路演中会踩的坑，以及怎样能提升项目价值进行了具体讲解。

（13）怎样注册并运营企业？完成了以上问题，在实际操作上，创业团队已经可以注册公司，成为法律认可的企业，模拟运营能够帮助同学们更好地梳理注册流程中可能存在的问题。

（14）开办企业后怎样控制风险？通过拥有多年法律顾问经验的老师结合初创企业实例讲解，我们学会了一个初创企业应当如何识别法律风险，以及如何对这些风险进行防控。

通过对以上 14 个问题仔细研究，相信同学们对创新型创业有了深刻的理解，能够运用创新思维，并掌握了如何在创新的基础上进行创业的实践方法，具备了创造这类项目的基本意识与能力。

　　如果说之前，很多同学对创新创业有畏难情绪，认为那是一个遥不可及的梦想，那现在，相信大家通过学习本课程，离梦想又近了一步！很高兴本课程陪伴同学们开启了一段探索创新创业的奇妙旅程，也许这并不是你们走过的最美路程，但请相信，时过境迁，再翻看笔记，最初的梦想会熠熠生辉！

附录 1　PDP 性格测试

PDP 的全称是 Professional Dyna-Metric Programs（行为特质动态衡量系统），它是一个用来衡量个人的行为特质、活力、动能、压力、精力及能量变动情况的系统。PDP 根据人的天生特质，将人群分为五种类型，包括支配型、外向型、耐心型、精确型、整合型。为了将这五种类型的个性特质形象化，研究者根据其各自的特点，将五类人群又分别称为"老虎""孔雀""考拉""猫头鹰""变色龙"。PDP 是一个进行人才管理的专业系统，能够帮助人们认识与管理自己，帮助组织做到"人尽其才"。

PDP 的目的是挖掘企业和组织中目标明确、态度积极和具有领导潜力的优秀精英，强化他们的天赋优势，提高个人与组织的绩效。

提醒你注意，回答问题要依据你的真实想法。你认为真实的自己是什么样的，不要考虑别人的看法和其他因素影响。请选出符合自己实际情况的选项。

PDP 职业性格测试题如下。[①]

1.你是一个做事值得信赖的人吗？
□非常同意 □比较同意 □差不多同意 □一点点同意 □不同意

2.你个性温和吗？
□非常同意 □比较同意 □差不多同意 □一点点同意 □不同意

3.你有活力吗？
□非常同意 □比较同意 □差不多同意 □一点点同意 □不同意

4.你善解人意吗？
□非常同意 □比较同意 □差不多同意 □一点点同意 □不同意

5.你独立吗？
□非常同意 □比较同意 □差不多同意 □一点点同意 □不同意

6.你受人爱戴吗？
□非常同意 □比较同意 □差不多同意 □一点点同意 □不同意

7.你做事认真且正直吗？
□非常同意 □比较同意 □差不多同意 □一点点同意 □不同意

---

① 任康磊. 人才测评：识别高潜人才，提升用人效能. 北京：人民邮电出版社，2021：452-458.

8.你富有同情心吗？

□非常同意 □比较同意 □差不多同意 □一点点同意 □不同意

9.你有说服力吗？

□非常同意 □比较同意 □差不多同意 □一点点同意 □不同意

10.你大胆吗？

□非常同意 □比较同意 □差不多同意 □一点点同意 □不同意

11.你做事精确吗？

□非常同意 □比较同意 □差不多同意 □一点点同意 □不同意

12.你适应能力强吗？

□非常同意 □比较同意 □差不多同意 □一点点同意 □不同意

13.你组织能力强吗？

□非常同意 □比较同意 □差不多同意 □一点点同意 □不同意

14.你是否积极主动？

□非常同意 □比较同意 □差不多同意 □一点点同意 □不同意

15.你害羞吗？

□非常同意 □比较同意 □差不多同意 □一点点同意 □不同意

16.你强势吗？

□非常同意 □比较同意 □差不多同意 □一点点同意 □不同意

17.你镇定吗？

□非常同意 □比较同意 □差不多同意 □一点点同意 □不同意

18.你喜欢学习吗？

□非常同意 □比较同意 □差不多同意 □一点点同意 □不同意

19.你反应快吗？

□非常同意 □比较同意 □差不多同意 □一点点同意 □不同意

20.你外向吗？

□非常同意 □比较同意 □差不多同意 □一点点同意 □不同意

21.你注意细节吗？

□非常同意 □比较同意 □差不多同意 □一点点同意 □不同意

22.你爱说话吗？

□非常同意 □比较同意 □差不多同意 □一点点同意 □不同意

23.你协调能力好吗？

□非常同意 □比较同意 □差不多同意 □一点点同意 □不同意

24.你勤劳吗？

□非常同意 □比较同意 □差不多同意 □一点点同意 □不同意

25.你慷慨吗？

□非常同意　□比较同意　□差不多同意　□一点点同意　□不同意

26.你小心翼翼吗？

□非常同意　□比较同意　□差不多同意　□一点点同意　□不同意

27.你令人愉快吗？

□非常同意　□比较同意　□差不多同意　□一点点同意　□不同意

28.你传统吗？

□非常同意　□比较同意　□差不多同意　□一点点同意　□不同意

29.你亲切吗？

□非常同意　□比较同意　□差不多同意　□一点点同意　□不同意

30.你工作有效率吗？

□非常同意　□比较同意　□差不多同意　□一点点同意　□不同意

每个答案对应的分数："非常同意"，给 5 分；"比较同意"，给 4 分；"差不多同意"，给 3 分；"一点点同意"，给 2 分；"不同意"，给 1 分。计算以下序号所对应的题目的分数之和。

"老虎"项：5、10、14、18、24、30 题=（　　）分

"孔雀"项：3、6、13、20、22、29 题=（　　）分

"考拉"项：2、8、15、17、25、28 题=（　　）分

"猫头鹰"项：1、7、11、16、21、26 题=（　　）分

"变色龙"项：4、9、12、19、23、27 题=（　　）分

括号中的分数即自己的"老虎"项、"孔雀"项、"考拉"项、"猫头鹰"项、"变色龙"项的得分。假如某人的某项得分远远高于其他四项，那他就是典型的那种类型的性格；假如他某两项得分明显超过其他三项，那他就是这两种类型的性格的综合体，以此类推；假如他的各项得分都比较接近，那么他就是一个全面的人。

比如，某人的"老虎"项得分为 29 分、"孔雀"项得分为 16 分、"考拉"项得分为 15 分、"猫头鹰"项得分为 28 分、"变色龙"项得分为 27 分，代表着此人比较接近"老虎""猫头鹰""变色龙"的性格，比较不接近"孔雀""考拉"的性格。

PDP 职业性格测试中人格分类的具体内容如下。①

1. 老虎型

老虎型的人一般企图心较强，以目标和结果为导向；不喜欢维持现状，喜欢冒险；个性积极，竞争力强；具备高支配型特质，凡事都喜欢掌控全局、发号施

---

① 任康磊. 人才测评：识别高潜人才，提升用人效能. 北京：人民邮电出版社，2021：94-99.

令；行动力强，一确立目标便会全力以赴。由于他们对自己和周围人的要求比较高，加上他们好胜的天性，这类人往往会成为"工作狂"。

这类人常见的行为有：喜欢制定目标和行动计划，行动迅速；声音洪亮，说话速度快，而且具有一定的说服力；交谈时喜欢进行直接的目光交流；喜欢运用直截了当的实际性语言，不喜欢拐弯抹角。老虎型的人一般都会戴手表，男士一般会喜欢戴那种比较大的手表，而且他们办公室的墙上、桌子旁边或者电脑里面都放有日历。

优点：有决断力，善于控制局面，能果断地做出决定，相对而言比较容易取得成就。

缺点：在决策时容易专断、不易妥协，容易和其他人发生争执和摩擦。有时候当他们感觉到工作中的压力时，他们会比较重视迅速地完成目标，而容易忽视细节和过程，而且过程中他们可能不顾自己和别人的感受。

老虎型的人一般比较容易成为管理者。这类管理者倾向于利用自己的权威来做决策，希望自己的下属能够做到高度服从，并且要和自己一样有冒险和攻克难关的勇气。这类管理者适合做一些开创性的或者改革性的工作，在开拓市场或者需要执行改革的环境中，会有比较出色的表现。

2. 孔雀型

孔雀型的人热情开朗，天生具有乐观和善的性格，有真诚的同情心和感染他人的能力，具有较好的表达能力。他们的社交能力极强，幽默风趣，重视形象，善于建立良好的人际关系，富有同情心，容易与人接近，有很好的口才，在以团队合作为主的工作环境中，会有很好的表现。

孔雀型的人常见的行为表现有：说话的时候手舞足蹈，面部表情丰富；比较有创造力；具有一定的说服力；时常能给他人带来惊喜或者一些鼓舞人心的东西。

优点：比较热心、乐观，有口才，好交朋友，风度翩翩、诚恳和善、生性活泼，能够使别人开心，善于通过建立同盟或者搞好关系来实现目标。

缺点：思考模式有时比较跳跃，常常无法顾及细节以及计划的完成情况，有时候不太注重结果，有时候会过于乐观。

孔雀型的人一般适合做一些需要当众表现、引人注目的工作，比如销售、采购、培训师、品牌推广、公关等工作。孔雀型的人一般在任何团队里都会是人缘最好、最受欢迎的人。

3. 猫头鹰型

猫头鹰型的人行事讲究条理分明、守纪律、重承诺，重规则、轻感情，讲究制度化，事事追求依据和规律，是完美主义者。他们通常传统而保守、性格内敛，善于用数字或图表作为表达工具而不太擅长用语言来沟通情感。

猫头鹰型的人常见的行为表现有：很少有面部表情；说话或者行动不是很快；容易陷入思考；特别强调逻辑、规则；使用精确的语言，注意细节；平时说话喜欢引用数字，做报告的时候喜欢用图表和数字。

优点：精确度高、逻辑性强、分析能力强，尊重规则和制度、遵循规律、重视架构，天生有爱找出事情真相的特点，因为他们有耐心仔细考察所有的细节并想出合乎逻辑的解决办法，是最佳的品质保证者。

缺点：往往把事实和规则置于情感之前，容易被认为性格冷漠；他们有时在压力之下为了避免得出不准确的结论，会过度分析；有时候喜欢钻牛角尖，让人觉得吹毛求疵；有时候他们照章办事的态度和追求完美的精神可能会造成团队内部的不团结。

4. 考拉型

考拉型的人行事稳健、不喜夸张、强调稳定，性情平和，不喜欢给人制造麻烦，不兴风作浪。他们一般温和善良、平实、敦厚、遵守规则、不好冲突。这类人常被人误以为是懒散、不积极的人，但他们只要下定决心，则可能是持之以恒的最佳典范。

考拉型的人常见的行为表现有：和蔼可亲，说话慢条斯理，声音轻柔；喜欢用赞同性的语言；特别强调情感、忠诚等。这类人喜欢在办公室里摆放家人的照片。

优点：安稳，对其他人的情感变化很敏感，这使得他们在集体环境中能够左右逢源。

缺点：喜欢依附别人，很难坚持自己的观点或迅速做出决定，可能会比较守旧，不愿意处理有挑战性的事情，不喜欢争执，也不愿意处理争执。

5. 变色龙型

变色龙型人才的关键词包括中庸、韧性、综合、适应、变化等。变色龙型的人没有突出的个性，他们中庸而不极端，能兼容并蓄，不与人为敌，凡事不执着，懂得看情况、看场合，韧性和弹性极强，处处留有余地，善于沟通，是天生的谈判家，是其他 4 种人格类型的综合体。他们能充分融入各种新环境、新文化且适应良好。

变色龙型的人常见的行为表现有：综合老虎、孔雀、猫头鹰、考拉型人的特质，没有突出的个性，没有强烈的个人意识形态，擅长整合各项资源。

优点：能够在工作中调整自己的角色去适应环境，善于整合各项资源，具有良好的沟通和适应能力。

缺点：没有强烈的个人意识形态，有时候摇摆不定、难以捉摸，从而让别人觉得他们没有个性、没有原则，就好像墙头草。这类人的中庸处世之道让他们为人圆滑，不会特立独行，有时候会让人觉得他们办事能力很强。但是这类人也有可以效忠任何人的倾向。变色龙型管理者的下属可能很难忍受一个善变且不讲原则的领导。

附录 2　TRIZ 40 个创新原理及解析[①]

（1）分割原理：将物体分成独立的或可拆卸的部分。

（2）抽取原理：从系统中抽取出"干扰"的部分或特性，或者只抽取需要的部分或特性。

（3）局部质量原理：将同构结构转化成为异构结构，让物体的不同部分实现不同的功能，将物体的每个部分放在最利于其运行的条件下。

（4）非对称原理：将对称形式转换成为非对称形式或加强其不对称的程度。

（5）合并原理：将空间或时间上同类或相邻的物体或操作进行合并。

（6）多用性原理：让一个物体能执行多种不同的功能，从而可去掉其他部件。

（7）嵌套原理：将一个物体放入另一个物体中，或将一个物体通过另一个物体的空腔。

（8）重量补偿原理：与其他物体结合或依靠外部环境产生的气动力补偿物体重量。

（9）预先反作用原理：事先给物体施加反作用，用以消除不利的影响。

（10）预先作用原理：预先完成部分或全部工作，或者事先把物体放在最方便的位置，以便能立即投入使用。

（11）事先防范原理：预先准备好相应的应急措施，以提高物体的可靠性。

（12）等势原理：改变工作条件，使物体上升或下降。

（13）反向作用原理：进行与原动作相反的动作，调换原有部件的动静状态或者上下关系。

（14）曲面化原理：用球面代替平面，用球体代替立方体，或者用旋转运动代替直线运动。

（15）动态特性原理：使不动的物体成为可动的，或将物体分成彼此相对移动的几个部分。

（16）未达到或超过的作用原理：如果得到规定效果的 100%很难，就完成

① 天行健六西格玛管理. TRIZ 创新理论的 TRIZ 40 个创新原理及解析精益生产管理咨询顾问，六西格玛培训公司. (2020-07-10)[2022-11-14]. https://www.sohu.com/a/406848318_170887.

多一些或少一些。

（17）空间维数变化原理：把物体的动作、布局由一维变为多维，或者将物体倾斜或侧向放置。

（18）机械振动原理：使物体振动，并增加振动频率，或者用压电振动器代替机械振动器。

（19）周期性作用原理：用周期作用（脉冲）代替连续作用，或者利用脉冲的间歇完成其他作用。

（20）有效作用的连续性原理：物体的所有部分均应一直满负荷工作，或者消除空转和间歇运转。

（21）减少有害作用的时间原理：快速地越过有害的或者危险的过程及阶段，其本质在于大幅度缩短有害过程。

（22）变害为利原理：利用有害因素获得有益的效果，或者将有害因素结合来消除有害因素。

（23）反馈原理：引入反馈或者改变已有反馈，其特征是巧妙运用技术过程中的有关伴随信息。

（24）中介物原理：依靠中介物来完成某种功能。

（25）自服务原理：物体能够自我服务，完成辅助或维修工作。

（26）复制原理：用简单而便宜的复制品代替昂贵的、易损坏的物体。

（27）廉价替代品原理：用廉价物品替代昂贵物品，并在某些属性上（如寿命等）做出妥协。

（28）机械系统替代原理：用光、声、嗅觉系统替代机械系统，用电、磁场替代机械场，或者用移动场替代静止场，用时变场替代恒定场，用结构化的场替代随机场。

（29）气动或液压结构原理：用气态或液态部件来代替圆体部件。

（30）柔性壳体或薄膜原理：利用软壳和薄膜取代常用结构，或者用它们将物体与外部环境分隔。

（31）多孔材料原理：让物体变成多孔的，或者加入多孔物体，如果物体已经是多孔的，那么事先往孔里填充某种物质。

（32）颜色改变原理：改变物体或外部介质的颜色和透明度，或者增添某种容易观察的颜色添加剂。

（33）同质性原理：存在相互作用的物体用相同材料或特性相近的材料制成。

（34）抛弃和再生原理：当部件的作用完成后应当予以剔除，或者重新恢复消耗掉的有用部件。

（35）物理或化学的参数变化原理：改变系统的物理状态、浓度、密度、柔韧程度或体积等。

（36）相变原理：利用相变时发生的现象，如体积改变、吸热或放热等。

（37）热胀冷缩原理：利用材料的热膨胀（或冷收缩），或者利用一些热膨胀系数不同的材料。

（38）加速氧化原理：用富氧空气、臭氧代替普通空气。

（39）惰性环境原理：用惰性介质代替普通介质。

（40）复合材料原理：由同种材料转为混合材料。

附录 3　企业财务分析模板

附表 3-1　3 年经营规划

序号	项目	第 1 年	第 2 年	第 3 年	备注
1	产品研发类型（种）				样品或样机
2	产品产量（件）				
3	产品销量（件）				
4	年销售额（万元）				
5	年利润额（万元）				
6	年应缴税款（万元）				
7	市场占有率（%）				
8	市场覆盖率（%）				
9	销售渠道数量（个）				
10	客户数量（个）				大客户
					中客户
					小客户
11	知识产权数量（个）				发明
					实用新型
					外观设计
					计算机软件著作权
					商标

附表 3-2　近 3 年资产负债表　　　　　单位：万元

项目		第 1 年	第 2 年	第 3 年
流动资产	库存现金			
	银行存款			
	交易性金融资产			
	应收账款			
	流动资产合计			

续表

项目		第 1 年	第 2 年	第 3 年
非流动资产	固定资产			
	减：累计折旧			
	固定资产净值			
	无形资产			
	减：累计摊销			
	无形资产净值			
资产合计				
应收账款				
短期借款				
负债合计				
实收资本				
盈余公积				
未分配利润				
所有者权益合计				
负债及权益合计				

附表 3-3　近 3 年利润表　　　　　单位：万元

项目	第 1 年	第 2 年	第 3 年
一、主营业务收入			
减：营业成本			
减：营业税金及附加			
二、销售毛利润			
三、主营业务利润			
加：其他业务利润			
减：销售费用			
减：管理费用			
减：财务费用			
四、营业利润			
加：投资收益			
加：营业外收入			
减：营业外支出			
五、利润总额			
减：应交所得税			
六、税后利润			

附表 3-4　近 3 年现金流量表　　　　单位：万元

项目		第 1 年	第 2 年	第 3 年
现金流入	期初余额			
	销售现金流入			
	其他现金流入			
	投资现金流入			
	现金流入合计			
现金流出	原材料采购支出			
	直接人工支出			
	销售费用支出			
	管理费用支出			
	财务费用支出			
	购置设备支出			
	销售税金及附加			
	现金支出合计			
	所得税支出			
现金流净额				
加：银行借款				
减：偿还银行借款				
期末余额				

附录4 课程评分细则

　　基于课前、课中、课后的有效衔接，针对学生不同阶段所获取的知识、技能、态度、方法等多个方面进行综合评价。

　　在课前，学生借助慕课平台观看教师录制的与教学目标相吻合的前沿理论教学，生动的动画效果、精简的教学时长、不同专业的教师魅力让学生更加专注学习，形成第一次知识内化。而且通过完成针对性练习，加强对学习内容的巩固并发现知识的疑难点。

　　在课中，在翻转课堂个性化学习环境中学生成为课堂的主角，教师主要发挥教练的作用，带领学生以小组形式在课堂中讨论、分析案例，开展活动，形成学生的批判性思维与创新性思维，并通过小组竞赛的方式形成学习成果，锻炼学生的组织协调能力和沟通合作能力，形成第二次知识内化。

　　在课后，学生经过进一步的独立探索、自主协作之后，完成小组的成果集锦，在教师的指导下创建小组创新方案、创业项目，最终以路演答辩以及商业计划书的形式进行汇报，在汇报过程中所有小组可参与提问、讨论、评价。

　　通过课前、课中、课后一体化衔接，定量和定性评价方式相结合，线上、线下全过程考核，个人、团队多角度表现，形成了多元、立体的课程评价体系，不断提高学生的创新意识、设计思维和创业技能，激发学生的学习动力。

　　具体的课程评分指标如附表4-1所示。

附表 4-1　课程评分指标

角度	结构	内容	
个人考核（60%）	课前（50%）	线上课程成绩（70%）	单元测试（20%）
			单元作业（20%）
			期末考试（40%）
			课程讨论（20%）
		视频学习完成度（30%）	
	课中（50%）	出勤（20%）	
		练习（40%）	
		讨论（40%）	

续表

角度	结构	内容
小组考核（40%）	课后（100%）	期中考核（25%）
		期末考核（25%）
		商业计划书（40%）
		个人贡献（10%）